现代汉语教学研究与探索

杜海燕　苑洋　万魏 ◎著

线装書局

图书在版编目（CIP）数据

现代汉语教学研究与探索/杜海燕,苑洋,万魏著.--北京:线装书局,2022.10
ISBN 978-7-5120-5294-9

Ⅰ.①现… Ⅱ.①杜… ②苑… ③万… Ⅲ.①现代汉语－教学研究 Ⅳ.①H109.4

中国版本图书馆CIP数据核字(2022)第228886号

现代汉语教学研究与探索
XIANDAI HANYU JIAOXUE YANJIU YU TANSUO

作　　者:	杜海燕　苑　洋　万　魏
责任编辑:	林　菲
出版发行:	线装書局
地　　址:	北京市丰台区方庄日月天地大厦B座17层（100078）
电　　话:	010-58077126（发行部）010-58076938（总编室）
网　　址:	www.zgxzsj.com
经　　销:	新华书店
印　　制:	北京四海锦诚印刷技术有限公司
开　　本:	787mm×1092mm　1/16
印　　张:	11
字　　数:	237千字
版　　次:	2023年6月第1版第1次印刷
定　　价:	68.00元

线装书局官方微信

前 言

　　语言是人类最重要的交际工具，人们借助语言保存和传递人类文明的成果。如何正确地运用语言，进行更好的沟通、表达，是我们要掌握的一门基本技能。

　　现代汉语作为一门基础课程，有着自己独有的特点。现代汉语课的特点之一是它的理论性。鉴于以现代汉语为母语的学生已经能够熟练地运用现代汉语，现代汉语课重点讲述现代汉语的一些基本知识与基础理论，目的是让学生理解并掌握现代汉语的结构系统与语言使用的一些基本规律。现代汉语课的特点之二是它的实践性。现代汉语课教学的重点是现代汉语的基本知识，目标是培养学生分析现代汉语的语言能力，提高学生运用现代汉语的水平。语言分析能力的获得和语言运用水平的提高，与学生学习时大量的语言实践训练是分不开的。现代汉语课程的学习，应以语言分析为核心，学习有关的基础知识，把握相关的理论，从而提高学习者的语言运用水平。学习时应做到理论与实践相结合，知识学习与能力培养相结合。

　　随着中国经济的持续高速发展和综合国力的进一步提高，汉语已经逐渐成为国际上的热门语言。在汉语越来越受到世界人民重视的全球化趋势下，如何教好现代汉语课，成为学术界普遍关心的一个话题。本书从现代汉语的基础知识入手，分析了现代汉语语音、词汇与语义，探讨了现代汉语的修辞、语法与课程教学，最后阐述了新媒体环境下的现代汉语教学。本书内容丰富全面，为我国现代汉语教学提供了科学的参考。

　　撰写本书过程中，参考和借鉴了一些知名学者和专家的观点及论著，在此向他们表示深深的感谢。由于水平和时间所限，书中难免会出现不足之处，希望各位读者和专家能够提出宝贵意见，以待进一步修改，使之更加完善。

目 录

第一章　现代汉语概述 ·· 1
 第一节　汉语与汉语方言 ·· 1
 第二节　汉语的地位与汉语国际传播 ································ 6
 第三节　现代汉语的特点 ·· 11

第二章　现代汉语的语音与词汇 ·· 17
 第一节　语音基础 ·· 17
 第二节　语音教学分析 ·· 25
 第三节　词汇基础 ·· 28
 第四节　词汇教学分析 ·· 37

第三章　现代汉语语义的应用 ·· 53
 第一节　词义的感情色彩的应用 ···································· 53
 第二节　词语语体色彩的应用 ······································ 55
 第三节　汉语多义词的应用 ·· 57
 第四节　汉语同音词的应用 ·· 64
 第五节　词义民族性与模糊性的应用 ······························ 68

第四章　现代汉语的修辞教学 ·· 75
 第一节　修辞基础 ·· 75
 第二节　选词与炼句 ·· 80
 第三节　汉语修辞格 ·· 90
 第四节　语体、文化与修辞偏误 ···································· 110

第五章　现代汉语语法教学 ·· 119
 第一节　语法教学的基本原则与操作方法 ·························· 119
 第二节　句法结构在汉语教学中的应用 ···························· 127
 第三节　语块在汉语教学中的应用 ································ 131

第六章　现代汉语课程教学 ································· 137

第一节　汉语文化课程设置 ································· 137
第二节　汉语书法课程教学实践 ······························ 140
第三节　报刊阅读课的教学策略 ······························ 147

第七章　新媒体环境下的现代汉语教学 ························· 151

第一节　新媒体时代现代汉语教学资源的整合与利用 ············· 151
第二节　大学现代汉语课程教学模式探索 ······················ 154
第三节　基于微信平台的现代汉语翻转教学模式探讨 ············· 157
第四节　新媒体在对外汉语教学与国际教育中的应用 ············· 161

参考文献 ·· 169

第一章　现代汉语概述

第一节　汉语与汉语方言

一、汉语及其分期

汉语是汉民族的语言，它是随着汉民族的形成而逐渐发展起来的。中国是一个多民族的国家，也是一个多语言的国家，普通话是中国的官方语言。在语言的谱系分类上，汉语属于汉藏语系，同中国境内的藏语、壮语、傣语、侗语、黎语、彝语、苗语、瑶语、怒语、纳西语、拉祜语、景颇语、布依语等，以及境外的泰语、缅甸语、老挝语等，是亲属语言。

"汉语"一词在使用时，其含义十分宽泛，既可以是汉语口语，也可以是汉语书面语；既可以是古代汉语，也可以是现代汉语；既可以是普通话，也可以是汉语方言。但汉语现在越来越多地用来指现代汉民族共同语——普通话。汉语或汉民族共同语在不同时代、不同地域还有不同的称呼。春秋时代，称为"雅言"；汉代起称为"通语"；明代改称为"官话"。新文化运动前后，用"国语"名称取代"官话"；到20世纪50年代，"国语"名称又正式被"普通话"所取代。目前，在新加坡和其他一些国家的华人社区则称为"华语"，马来西亚通常称为"华文"。有些场合还会用"中文"来指代"汉语"。

汉语是世界上历史悠久、发达精密的语言之一。早在五六千年前，就已经出现了汉字的萌芽刻画符号，殷商时期的甲骨文，已是一种体系完备的文字。可见，早在殷商时代汉语已经是相当成熟的语言。在长期的历史发展过程中，汉语对促进中国国家统一、民族团结和社会发展起着十分重要的作用，对东亚、东南亚邻国的语言产生过深远的影响。当前，汉语在国际上的影响越来越大，学说汉语的人数也逐渐增多。

汉语同其他语言一样，随着社会的发展而不断发展。现在所说的汉语，与古人所说的汉语在语音、词汇和语法等方面已发生了不小的变化，差异十分明显。汉语的发展大致经历了古代汉语、近代汉语和现代汉语三个主要阶段。

（一）古代汉语

古代汉语是指先秦两汉至隋唐时期的汉语，其前身主要是夏语（先秦时代黄河流域中游一带华夏族的语言）。秦汉建立了大一统的国家，实行"书同文"政策，古代汉语正式形成。这一时期的书面语言被称为文言，今天所能见到的都是文献语言，如《诗经》《论语》《孟子》《史记》《汉书》等，尽管经过一些书面化的加工，但与当时的口语差异不会太大，从这些文献大体可以看出当时口语的状况。这一时期的汉语口语和书面语大体一致，基本词汇和语法结构等方面也具有较大的一致性，而与此后的汉语相比差异明显。

（二）近代汉语

汉语由古代汉语的表达系统发展到现代汉语的表达系统，不是突变的，而是渐变的。中间经历了一个漫长的过渡时期。从晚唐到新文化运动这一中间过渡阶段的汉语，被称为近代汉语。以前通常把这一时期的汉语与古代汉语合并，统称为古代汉语。一般认为，从晚唐五代即9世纪开始，汉语进入近代时期，经过宋、元、明时期的发展，到清代中叶，汉语已经发展得基本接近于现代汉语。北京大学中文系教授蒋绍愚《近代汉语研究概况》认为"什么时候汉语中出现了较多古代汉语所无、现代汉语所有的语法、语音、词汇的新要素，这就是近代汉语的上限。什么时候汉语的语法、语音、词汇系统开始变得和现代汉语基本一致了，这就是近代汉语的下限"。

近代汉语的语言面貌与古代汉语有明显的不同。语音系统由繁趋简，词汇系统由以单音节词为主转变为以双音节词为主，语法上产生了新的代词系统（如"你、他、俺、您、这、那、什么、怎么"）和语气词系统（如"了、啊、吗、么、呢、这个"）。近代汉语的书面语存在着两种不同的系统：一是文言，模仿先秦两汉的语言，沿用古代汉语书面语言，如《徐霞客游记》《聊斋志异》等；二是白话，通常称为"古白话"，是以北方口语为基础进行加工的书面语，如《红楼梦》等。直到民国初年仍是两种书面语并存，文言文的地位一直高于白话文。

近代汉语是一个跨越性的概念。近代汉语的产生和发展，是一个古代汉语要素渐渐弱化、现代汉语要素渐渐强化的过程。

（三）现代汉语

现代汉语是指现代汉民族的语言。广义上的现代汉语既包括现代汉民族共同语——普通话，也包括现代汉语各种不同的方言。狭义上的现代汉语仅指现代汉民族共同语——普通话。现代汉语是在近代汉语的基础上形成的，新文化运动促使现代汉语的最终形成。20世纪50年代，中国科学院召开现代汉语规范问题学术会议，会上确定把现代汉民族共同语称作普通话，确定了普通话规范在语音、词汇、语法上的标准。经国务院确定：普通话就是"以北京语音为标准音,以北方话为基础方言,以典范的现代白话文著作为语法规范的汉民族共同语"。普通话是当今中国汉族各方言地区和中国各民族之间的共同交际用语。

二、现代汉语的形成

现代汉语由古代汉语、近代汉语逐渐发展而来,是在近代汉语的基础上形成的。

现代汉语的形成经历了一个长期的复杂的过程。在汉字产生以前,口语是汉语唯一的存在方式。自从有了汉字,汉语才有书面语言。汉语历史上长期使用文言作为统一的书面语,这种书面语最初跟汉语的口语基本一致。汉魏以来,口语在不断地发生变化,而书面语一直沿袭和模仿先秦的语言,致使汉语书面语和口语的距离越来越大。到了晚唐五代,这种差距已十分明显,书面语所用的文言成了一种完全脱离当时口语的语言形式。在这种情况下,汉语又形成了另一种同当时口语直接相联系的书面语——白话,即古白话,这就是现代汉语书面语形式的重要源头。宋元以来,有两种趋势促进了现代汉语的形成。一是白话文学的书面语影响。宋元之后出现了一批用白话写成的文学作品,如《水浒传》《西游记》《红楼梦》《儒林外史》等,这些作品影响很大,流传很广,加速了北方方言的推广。到了晚清,白话已经成熟,但长期以来,白话文著作一直被看作是"俗"文学,在书面语中,文言始终占据统治地位,而白话始终处于非正统的地位。二是在北方方言基础上形成的通用口语形式"官话"的推广。金元到明清,北京作为首都一直是中国的政治、经济、文化中心,历时800年,北京话逐渐成为最有影响最有威望的方言,以北京话为代表的北方话逐渐取得了各方言区之间的通用语地位,在全国各地传播。元末明初朝鲜人为学习汉语编写的会话手册《老乞大》《朴通事》,收的都是北京口语,说明外国人也认定北京话是汉语口语的代表。北京话在当时被称为官话,它实际上指的就是全民通用的共同语。白话文学著作的广泛流传,为白话取代文言成为正统书面语的地位奠定了基础;官话的推广,又为以北京话为代表的北方方言成为民族共同语的标准奠定了基础。

到20世纪初,白话文运动和国语运动这两次运动加速了现代汉语的发展进程。白话文运动彻底动摇了文言文的统治地位,适应社会需要的白话文终于取代了文言文,成为正式的书面语言。国语运动又使以北京话为中心的北方方言口语取得了民族共同语的地位。白话文运动和国语运动相互推动,相互影响,促使书面语和口语接近起来,最终形成了现代汉语。

三、现代汉语的方言

方言是一种语言的地方变体,具有不同于其他亲属方言的特征。方言形成的原因主要是人口分布、地理因素、集体迁徙和异族接触等。汉语方言是汉民族语言的地域分支。方言从属于民族共同语,民族共同语是在一种方言的基础上形成的。一般来说,作为一个国家、民族的政治经济中心地区的方言，最有条件发展成为共同语，现代汉民族共同语正是在北方方言的基础上形成的。

方言与方言之间在语言的三要素语音、词汇、语法方面都会表现出或多或少的差异。汉语方言之间的语音差异最大、最明显，根据方言的语音特点，通常把汉语方言分为七大方言。

（一）北方方言

北方方言也称北方话，旧称官话，以北京话为代表。其分布在长江以北地区，长江南岸九江以东镇江以西的沿江地带，云南、贵州、四川等省，湖北的大部分（东南角咸宁地区除外），湖南西北角和广西北部，使用人口约占汉族总人口的71%。北方方言是汉民族共同语的基础方言，是分布地域最广、使用人口最多的一种方言。从哈尔滨到昆明，直线距离约3200公里，从南京到酒泉，直线距离约2000公里，其间各处的人通话都没有困难。这么多的人口，这么大的范围，语言这样一致，世界上罕见。

北方方言按照语音的差异大致又可分为华北方言、西北方言、西南方言、江淮方言四个次方言。

1. 华北方言

华北方言又称北方官话。分布在北京、天津、河北、河南、山东、辽宁、吉林、黑龙江等省，内蒙古自治区的一部分，江苏和安徽两省北部的徐淮地区。

2. 西北方言

西北方言也称西北官话。分布在山西、陕西、甘肃等省以及青海、宁夏回族自治区、内蒙古自治区等部分地区。

3. 西南方言

西南方言也称西南官话。分布在云南、贵州、四川三省，湖北省大部分地区，湖南西北部以及广西北部。

4. 江淮方言

江淮方言又称江淮官话、下江官话。分布在安徽、江苏两省长江以北、淮河以南地区，长江南岸九江以东镇江以西的沿江地带以及江西省沿江地带。

（二）吴方言

吴方言也称江浙话、江南话、吴语，以上海话为代表。分布在上海市、浙江省大部分地区，江苏省长江以南镇江以东地区及南通的部分地区，江西省东北部、安徽省南部和福建省西北角。

（三）湘方言

湘方言也称湖南话、湘语，以长沙话为代表。分布在湖南省大部分地区和广西壮族自治区北部的4个县。使用人口约占汉族总人口的3%。

（四）赣方言

赣方言也称江西话，以南昌话为代表。分布在江西省大部分地区、湖北省东南部、福建省西北部、安徽省西南部和湖南省东部地区。使用人口约占汉族总人口的2.4%。

（五）闽方言

闽方言又称福佬话、闽语，以福州话为代表。分布在福建、广东的东部、海南以及浙江省温州等部分地区。使用人口约占汉族总人口的4.2%。闽方言是汉语方言中内部分歧最大、语音现象最复杂的一大方言，闽南、闽北不能通话，闽东、闽中又有差异。闽方言可分为闽南、闽东、闽北、闽中、莆仙五个次方言。闽南方言以厦门话为代表，闽东方言以福州话为代表，闽北方言以建瓯话为代表，闽中方言以永安话为代表，莆仙方言以莆田话为代表。

（六）粤方言

粤方言也称广东话、粤语，以广州话为代表。分布在广东省、广西的部分地区以及(中国)香港、(中国)澳门特区。使用人口约占汉族总人口的5%。

（七）客家方言

客家方言又称客家话，以广东梅县话为代表。客家方言是中原人向南方迁徙过程中逐渐形成的一种方言。客家方言自成系统，内部差异不大。分布在广东、广西、福建、江西等省的部分地区和湖南、四川的少数地区。使用人口约占汉族总人口的4%。

七大方言中，与普通话差距最大的是闽方言、粤方言，吴方言次之，湘、赣、客家方言又次之。北方方言接近普通话，但并不等于普通话。粤方言和闽方言在海外影响较大，华侨和华裔中有不少人说粤方言或闽方言。

目前，随着中国社会政治、经济、文化的日益发展，普通话在中国已经得到普及，方言的影响越来越弱，说方言的人也越来越少。

第二节　汉语的地位与汉语国际传播

一、汉语的地位

汉语属于汉藏语系，具有悠久的历史，是汉藏语系里使用人数最多的一种语言。汉语在国内、国际上都占有重要的地位。

在国内，说汉语的人口占90%以上。推广普通话取得了明显的成效，说汉语的人基本上都能讲普通话。汉语不仅是汉族人民交际的工具，也是中国各兄弟民族的族际语言。汉语在中国国内始终处于强势语言的地位，对于各民族之间的交流、民族团结和社会发展起着十分重要的作用。

20世纪80年代我国颁布的《中华人民共和国宪法》明文规定："国家推广全国通用的普通话。"21世纪初修订通过的《中华人民共和国国家通用语言文字法》明确规定："本法所称的国家通用语言文字是普通话和规范汉字""国家推广普通话，推行规范汉字""国家机关以普通话和规范汉字为公务用语用字""学校及其他教育机构以普通话和规范汉字为基本的教育教学用语用字""对外汉语教学应当教授普通话和规范汉字。"第二次修正的《中华人民共和国教育法》规定："国家通用语言文字为学校及其他教育机构的基本教育教学语言文字，学校及其他教育机构应当使用国家通用语言文字进行教育教学。"我国宪法、教育法、通用语言文字法等一系列法律法规以立法的形式明确了汉语（普通话）的通用地位。

在国际上，汉语是联合国大会和安理会的6种官方通用工作语言之一，汉语同英语、俄语、法语、西班牙语、阿拉伯语都是联合国会议法定的工作语言。为了帮助联合国雇员学习和掌握汉语，扩大汉语在联合国的使用范围，于21世纪初创办联合国中文语言项目。此后每年还在农历谷雨日举行联合国中文日庆祝活动。联合国中文日庆祝活动进一步扩大了中文作为联合国官方语言的影响力，使更多的人接触和了解了中国悠久的文明和灿烂的文化。

随着我国国际地位的不断提升，汉语在国际交往中的地位越来越显著，影响也越来越大。目前，美、英、法、日、韩等48个国家将汉语教学纳入国民教育体系。汉语作为外国人了解中国、进入中国的交际工具和文化载体，正日益受到世界上越来越多国家政府部门、教育机构、企业以及传媒的重视，出现了一个学习汉语的热潮——汉语热，学习中国汉字和文化成为一种时尚，汉语的传播已经遍及五大洲。

在亚洲，汉语对东亚、东南亚邻国的语言产生过深远的影响，日本、韩国、越南等国都长期使用过汉字，语言中有大量的汉语借词。公元 2 世纪，汉字传入越南，产生了字喃；公元 3 世纪，汉字传入日本，并在 9 世纪产生了假名；公元 15 世纪，汉字传入朝鲜，产生谚文。以汉字文化为纽带，在亚洲形成了范围较广的汉字文化圈。近些年，在日本、新加坡、马来西亚等国，都进行年度汉字评选活动。如 2015 年，日本上榜的年度字是"安"，马来西亚的年度字是"苦"，新加坡的年度字是"耀"，这些汉字反映了各国当时社会民生和民众的诉求与期盼，也充分说明了汉字文化的独特魅力与国际传播力。当前，汉语作为一门相当实用的外语，得到了东南亚各国政府的认同和支持，它已经或正在逐渐融入当地的国民教育体系。马来西亚是东南亚汉语教育发展最好的国家，华文学校遍布全国，有华文小学 1280 多所，独立中学 60 多所，华文大专院校 3 所，还有一些高等院校相继开设中文系；创办多家华文报纸，是海外拥有华文日报最多的国家之一。新加坡如今十分重视华文教育，引进高水平的华文师资，多渠道培训本国华文教师，把华文学校推向产业化和国际化，华文教育的信息化走在东南亚前列。21 世纪初，印度尼西亚公立初中、高中将汉语定为必修课。菲律宾华文教育已有上百年的历史，华文教育波折起伏不断。19 世纪 50 年代，菲律宾华文学校已有 150 所，到 20 世纪 70 年代，汉语教育陷入低谷，20 世纪末出现转机，20 世纪末中央大学规定中文课为必修课，近年来，菲律宾教育部宣布汉语正式作为外语课程纳入基础教育体系，决定在一些试点公立中学开设汉语课程。泰国教育部也将中文列入第一外语，将汉语课程全面纳入 2000 所中小学。越南 20 多所大学开办了中文系，许多中学也将汉语选作外语走进课堂，目前汉语已成为该国的第二外语。南亚、中亚、西亚地区的国家也都纷纷兴起了汉语热，建立孔子学院，开办汉语专业，开设汉语课程，派遣留学生到中国学习汉语。

在非洲，会说汉语已成为年轻人求职时的一大优势，学习中文成为获得更好就业机会的王牌。肯尼亚于 21 世纪初开办非洲首家孔子学院。南非有 35 万华人华侨，开设中文课程学校已达 500 所，学习中文的人数为非洲国家之首；2015 年是"南非中国年"，南非政府已将汉语教学纳入国民教育体系，2016 年 1 月 1 日开始，汉语成为南非学校 4 年级到 12 年级学生的一门课程。埃及是开展汉语教学最早、学汉语人数最多的非洲国家之一，埃及教育部已下发文件，决定把汉语作为中学第二外语。津巴布韦正计划将中文纳入必修课的范畴。突尼斯 21 世纪初决定从高二起设汉语公共选修课，近年要求所有报考大学中文专业的学生必须在高中学过汉语。莫桑比克、坦桑尼亚、尼日利亚、埃塞俄比亚、加纳、摩洛哥、卢旺达等国也都建有孔子学院，开设汉语课程。

在欧洲，20 世纪 60 年代初到 90 年代末，是中文教育发展的快速成长期。英国华人社区于 70 年代纷纷开办中文学校，到 80 年代，中文学校约达 120 所。荷兰 20 世纪 80 年代开始大办华文学校，到 90 年代中期已达 30 多所，20 世纪，末荷兰政府启动对中文母语教育教材方面的调查，拨出专门经费开发适应该国的中文教材。法国华人社区在 20 世纪 80 年代后期开始创办华文学校，之后有 90 所中学开设汉语课；东方语言学院是法国的中文最高学府,现有中文系学生1500多人。进入21世纪以来,欧洲汉语教育呈现良好发展势头,欧洲各国政府纷纷支持开办中文学校、开设中文课程。英国约有500所大中学校开设汉语课,21世纪初,英国教育与技能部将汉语列为"战略上具有重要意义的语言",中文被列入中学外语教学课程,之后又将中文设定为中小学学习的第二大外语。法国许多综合性大学都把中文列为高等教育课程之一,开设汉语专业,有的学校还设有硕士和博士点,中文也已成为中学教育中发展最快的外语。21世纪初,德国政府将汉语纳入许多州的中学会考科目,不少大学开设了中文系或汉学系。荷兰也把中文设为中学外语选修课程之一。

在美洲,美国是开设孔子学院和孔子课堂最多的国家。目前美国有近两千所学校开设汉语课,汉语即将超越德语成为美国第三大外语。在美国外语教育节奏放缓之时,汉语教学在美国外语教育中一枝独秀。有学者称美国汉语具有强大的活力和国际传播活力,美国汉语传播正处于上升时期。汉语已成为加拿大第二大外语,汉语逐步被确立为该国公立中小学的第二语言教学科目之一,在一些大学的语言系开设汉语课程。巴西、哥伦比亚、秘鲁、智利、墨西哥、哥斯达黎加、古巴、厄瓜多尔、阿根廷、玻利维亚等多个国家都建设了孔子学院或孔子课堂。

在大洋洲,澳大利亚自20世纪70年代以来,政府实行多元文化政策,华文教育有较大发展。20世纪末,澳大利亚颁布《全国华文课程规划》。澳大利亚把汉语列为国民第一外语。新西兰的中文教学起步晚,20世纪60年代,奥克兰大学成立亚洲语言文学系,才开始正规的汉语教学。20世纪末,政府承认汉语为中小学5门重要外语科目之一,汉语第一次被定为"一级"语言。汉语已成为新西兰中小学开设第二语言学习课程增长最快的外语。

总的来看,汉语教育在国外已经越来越受到重视,不少国家已把汉语纳入国民教育体系,学习汉语的人越来越多,汉语在国际上的地位呈现出快速上升的趋势。

二、汉语国际传播

汉语国际传播是中国社会以汉语言文字走向世界为桥梁,在国际社会进行的信息传播和文化交流活动。随着中国经济的持续稳步发展,中国同世界各国的交流与合作越来越频繁,希望学习汉语、了解中国的人越来越多,这为汉语国际化提供了良好的发展机遇。为了向世界各国提供汉语教学资源和服务,20世纪80年代,我国成立"国家对外汉语教学领导小组"(之后改称"国家汉语国际推广领导小组",由国务院办公厅、教育部、财政部、国务院侨务办公室、外交部、国家发展和改革委员会、商务部、文化和旅游部、国家广播电影电视总局、国家新闻出版总署、国务院新闻办公室、国家语言文字工作委员会12个部门组成)。21世纪初,我国设立"国家对外汉语教学领导小组办公室"(之后相应改称为"国家汉语国际推广领导小组办公室",简称"国家汉办")。国家汉办在借鉴英国、法国、德国等国推广本民族语言经验的基础上,在海外建立孔子学院。孔子学院是传播中国形象的主要平台，汉语教师是传播中国形象的桥梁纽带。中国教育部，特别是国家汉办，在孔子学院建设、实施汉语水平考试、开发教学资源等方面做了大量的工作，促使汉语国际传播的步伐不断加快。

（一）建设孔子学院

孔子学院是中外合作建立的非营利性教育机构，开展汉语教学和中外教育、文化等方面的交流与合作。服务内容包括：开展汉语教学，培训汉语教师，提供汉语教学资源，开展汉语考试、汉语教师资格认证，提供中国教育、文化等信息咨询，开展中外语言文化交流活动。今天，已基本完成孔子学院全球布局，做到统一质量标准、统一考试认证、统一选派和培训教师；基本建成一支质量合格、适应需要的中外专兼职教师队伍；基本实现了国际汉语教材多语种、广覆盖；基本已建成功能较全、覆盖广泛的中国语言文化全球传播体系；国内国际、政府民间共同推动的体制机制进一步完善，汉语成为外国人广泛学习使用的语言之一。

（二）选派汉语教师志愿者和国家公派教师

为了解决汉语国际传播师资短缺问题，国家汉办于21世纪初正式启动了汉语教师志愿者项目。志愿者主要从所学专业为汉语国际教育（对外汉语）、汉语言文学、外语、教育学、历史、哲学等文科专业的在职教师、在读研究生、本科以上应届毕业生中招募选拔。国家汉办统一组织志愿者选拔考试，主要考察专业知识、教学技能、跨文化交际能力、外语沟通能力和心理素质等。志愿者派出前须接受综合能力培训和拓展训练，经培训合格后派出任教，任期一般为1学年，考核合格者可申请延期，最多不超过3年。志愿者给世界各国人民留下了美好的印象，被称为"来自中国的天使"。

同时，国家汉办根据与国外的教育交流协议和国外对汉语教学的需求，公开招聘外派教师，以国内高等院校、中小学教师以及回国汉语教师志愿者为主，向国外教育部、大学、中小学等教育单位派出汉语教学顾问及汉语教师。

（三）实施汉语水平考试（HSK）

汉语水平考试（HSK）是国家级考试，是专为母语非汉语者（包括外国人、华侨和中国少数民族考生）设计的标准化语言考试。最初由北京语言大学汉语水平考试中心研制，20世纪末正式在国内推广，之后推向海外，每年定期在中国国内和海外举行。

为使汉语水平考试更好地服务于汉语学习者，国家汉办组织中外汉语教学等领域的专家，吸收原有HSK的优点，借鉴近年来国际语言测试研究最新成果，推出新的汉语水平考试（新HSK）。新HSK是一项国际汉语能力标准化考试，重点考查汉语非第一语言的考生在生活、学习和工作中运用汉语进行交际的能力。新HSK共分为6级，考试形式分为纸笔考试和网络考试两种。通过新 HSK（6 级）的考生可以轻松地理解听到或读到的汉语信息，以口头或书面的形式用汉语流利地表达自己的见解。除了 HSK，国家汉办还推出了汉语水平口语考试（HSKK）、中小学生汉语考试（YCT）、商务汉语考试（BCT）和孔子学院／课堂测试（HSKE）等多种汉语考试。目前，HSK 等级证书是世界上体现汉语水平含金量最高的证书，已成为留学中国的通行证，已被越来越多的海外企业作为员工招聘、提薪和晋升的重要依据。

（四）举办"汉语桥"中文比赛

"汉语桥"中文比赛是国家汉办主办的大型国际汉语比赛项目，分为"汉语桥"世界大学生中文比赛、"汉语桥"世界中学生中文比赛和"汉语桥"在华留学生汉语大赛 3 项比赛，每年一届。"汉语桥"世界大学生中文比赛于 2002 年开始举办，截至 2021 年已举办 20 届。"汉语桥"在华留学生汉语大赛由中央电视台中文国际频道承办，参赛对象为非中国籍、母语为非汉语的在华留学生，分为预赛和决赛两个阶段进行。"汉语桥"中文比赛已成为各国学生学习汉语、了解中国的重要平台，成为世界汉语学习者高度关注的"汉语奥林匹克"。

（五）实施"孔子新汉学计划"

为帮助世界各国青年深入了解中国和中华文化，繁荣汉学研究，促进孔子学院可持续发展，孔子学院总部设立"孔子新汉学计划"项目。该计划包含中外合作培养博士、来华攻读博士、"理解中国"访问学者、青年领袖、国际会议和出版资助等多个子项目。

（六）设置汉语国际教育本科专业和汉语国际教育硕士专业学位

中国教育部设置对外汉语本科专业，20 世纪 80 年代的本科专业目录中，将对外汉语、中国语言文化、中国学 3 个专业合并，更名为汉语国际教育专业。该专业的开设，为汉语国际教育事业的发展培养了一大批专业人才。

设置汉语国际教育硕士专业学位，简称 MTCSOL。培养目标为培养适应汉语国际推广工作，胜任汉语作为第二语言或外语教学的高层次、应用型、复合型专门人才。此外，一些高校增设目录外二级学科，招收汉语国际传播专业硕士生和博士生。如浙江师范大学自主增设目录外二级学科"汉语国际传播"硕士点。北京语言大学自主增设目录外二级学科"汉语国际教育"博士点。厦门大学自主设置目录外二级学科"汉语国际推广"博士点。

目前，世界上以汉语作为第一外语教学的国家和地区还不是很多，这说明汉语还不是强势外语。汉语国际化挑战和机遇并存。汉语国际传播是一项大工程，需要调动多方面的社会力量，充分发挥孔子学院、华文学校、海外华人、来华留学人员等在汉语国际传播中的重要作用，完善汉语传播机制，拓展汉语传播渠道，实现汉语国际传播模式多元化，真正让汉语走向国际。

第三节 现代汉语的特点

特点因比较而显现。现代汉语同英语相比，同古代汉语相比，在语音、词汇、语法三个语言要素方面都有一些明显的特点。

一、语音特点

（一）同英语相比

1. 有声调

汉语属于汉藏语系，是一种有声调的语言；英语属于印欧语系，是一种没有声调的语言。有声调是汉语跟英语语音最明显的区别。现代汉语有4个声调，具有区别意义的作用，如 mā（妈）、má（麻）、mǎ（马）、mà（骂）。汉语的声调有平有仄，能使音节抑扬有致，增强语言的节奏感。

2. 元音在音节中占优势

汉语的一个音节有时可以有2个或3个元音，如 hao（好）、huai（坏）。辅音收尾的音节只有n和ng，而元音收尾的音节较多。复元音构成的音节比重较大，有鲜明的儿化韵。音节中元音占优势，乐音成分比例大，听起来响亮悦耳。英语没有iao、iou之类的三合元音。

3. 清辅音多，浊辅音少，无复辅音

现代汉语辅音共有22个，其中清辅音占17个，浊辅音只有5个，而英语中的辅音共有28个，其中浊辅音占了15个。现代汉语一个音节中不存在2个或2个以上辅音相连的现象，即没有复辅音。汉语音节 zha、chong 中的 zh、ch、ng 都不是复辅音，而是一个辅音，只是用2个字母来表示。英语里辅音在音节中出现的频率高，辅音结尾的音节多，可以有复辅音，如 thank、bread、strict、desks 中的 nk、br、str、ct、sks 都是辅音相连。

4. 音节数量不大，音节结构形式比较整齐

现代汉语的音节数量有限，基本音节只有400个多一点。相比之下，英语的音节数量

要大得多。汉语音节数量小，意味着音节的信息负载量大，因而同音现象比较普遍。汉语的音节由声母、韵母和声调三部分构成，声母在前，韵母在后，音节结构形式相对整齐。

（二）同古代汉语相比

1.现代汉语没有入声

现代汉语的声调有阴平、阳平、上声、去声四种，是由古代汉语的平、上、去、入四种声调发展而来，古代汉语的"平"到现代汉语里分化为阴平和阳平，古代汉语的入声到现代汉语里消失，古代汉语的入声字分别被分派到现代汉语的四声里。

2.现代汉语辅音收尾的音较少

现代汉语辅音收尾的音只有 n、ng 两个，古代汉语辅音收尾的音除了浊鼻音外，还有清塞音和浊塞音。

二、词汇特点

（一）同英语相比

1.现代汉语词缀数量有限，词的形态变化少

现代汉语词的形态变化不丰富，而英语词的形态变化十分丰富。例如，汉语的"是""有"，在英语中会有各种各样的形态变化。现代汉语的词缀数量有限，常见的前缀有"老""阿"等，后缀有"子""头""儿"等，前缀和后缀都很少，而英语中存在大量的前缀和后缀，用不同的词缀表示不同的词性和不同的意义。

2.现代汉语广泛运用词根复合法构词，词以双音节为主

现代汉语构词以词根复合法为主，其中偏正式最为常见，存在大量的同素词。词根复合法是现代汉语的基本构词法。词缀附加法，虽然也是现代汉语构词的一种方式，但此类合成词数量不大。英语中，词根加前缀或词根加后缀这种词缀附加法是基本的构词法，很多词都是用这种方法构成的。现代汉语的词，大多数是单音节或双音节，双音节词比单音节词多，三个音节以上的词比较少。英语中，多音节词居多。

3.现代汉语的语素以单音节为主

现代汉语的语素，绝大多数是单音节的，与汉字的书写形式非常吻合，如水、火、

吃、看、手、机、语、言、桌、子、留、学、生，都是单音节语素。双音节和多音节语素在汉语里所占的比重非常小，主要用以构成联绵词、拟声词和音译外来词等，如"玲珑""叮咚""巧克力"。

4. 现代汉语书面语中词与词的界限缺乏标志

用汉字书写汉语的时候，由于书面语中不实行分词连写，词与词之间没有一个明确的界限标志，造成词与词界限模糊。阅读汉语句子时，有时会把相邻但不属于一个词的汉字组合起来或者把一个多音节词拆开，影响了对语义快速正确的理解。例如，"这次运动会我们班长跑第一，（短跑第三）""白天鹅在水里游来游去，（晚上睡在笼子里）"，阅读时，在还没看下文的情况下，常常会把"班长""天鹅"当成一个词连读。针对汉语的词界不清给阅读和自然语言信息处理带来的不便，有学者提出要进一步改革汉语书面语，加空格表示词界，书面表达实行分词书写。英语的词与词界限分明，这是因为有空格作为词界标记。

（二）同古代汉语相比

1. 现代汉语的词具有双音化趋势

古代汉语的词以单音节居多，现代汉语的词以双音节为主。《现代汉语词典》（第7版）共收条目近7万条，其中双音节词超过五分之三。双音化是现代汉语词汇发展的一个明显趋势。古代汉语中的许多单音节词，在现代汉语里都变成了双音节词，例如眼睛（目）、耳朵（耳）、鼻子（鼻）、舌头（舌）、身子（身）等。现代汉语的多音节词或词组缩略为双音节词，例如高校（高等院校）、师大（师范大学）、港澳（香港和澳门）、旅游（旅行游览）、知青（知识青年）、奥运（奥林匹克运动会）、科技（科学技术）、传承（继承传播）、失联（失去联系）等。多音节的音译外来词被意译的双音节词所取代，例如科学（赛因斯）、话筒（麦克风）、民主（德谟克里西）等。现代汉语出现的新词也多是双音节，如下海、大碗、大腕、给力、搞笑、短板、快递等。

2. 词缀构词明显增强

现代汉语除了常见的前缀"老""阿"等和后缀"子""头""儿"等之外，还有一些正在虚化过程中的准词缀，如"可""化""热""者""家""员""迷""盲""族""门""型""式"等。在构词上，现代汉语词缀构词比古代汉语有明显增强的趋势。

三、语法特点

语言学界对汉语语法特点的认识还不完全一致。语言学家朱德熙《语法答问》认为汉语语法特点主要只有两条：一是汉语词类跟句法成分之间不存在简单的一一对应关系，二是汉语句子的构造原则跟词组的构造原则基本上是一致的。张斌（湖南长沙人，国内外著名语法学家）《汉语语法学》提出汉语语法的基本特点是缺乏严格意义的形态变化，由此有下列表现：第一，名词可以直接修饰动词；第二，动词或形容词可以直接充当主语或宾语；第三，词语结构常常受单双音节的影响。

（一）同英语相比

1.现代汉语没有发达的形态变化

现代汉语是分析性语言，严格意义上的形态变化很少，可以说形态变化很不发达。汉语里某些可以算作形态标志的东西，不能普遍适用于某一种语法范畴，使用时需有条件限制，例如可以算作复数标志的"们"。而英语则不同，动词、名词、代词经常会有性、数、格、时、人称等变化。例如，英语中的动词"be"，因人称、数、时等的不同而变化为 is、am、are、was、were、been、being 等。汉语的动词"是"不会因人称、数、时的不同而发生任何变化，始终就是同样的一个"是"。

2.现代汉语修饰语在前，中心语在后

在语序类型上，虽然现代汉语和英语都属于 SVO 型语言，但汉语和英语在语序上也存在着差异，最明显的差异应该是修饰语的位置不同。汉语的修饰语，包括定语和状语，必须放在中心语之前，而英语的修饰语可以在前，也可以在后，特别是状语常常出现在句子末尾。

3.现代汉语有丰富的量词

现代汉语量词丰富，尤其是名量词，是英语等印欧语系的语言所不能比拟的。现代汉语数词和名词组合，中间要用相应的量词，根据名词的不同，在数词和名词之间选用不同的量词，例如"一条鱼""两只鸟""三本书"等。而英语则是数词和名词直接组合，中间不用量词，上面的例子要说成"a fish""two birds""three books"。现代汉语还有动量词"次""趟""遍"以及复合量词"架次""人次"等。

4.现代汉语中，语气词运用广泛

现代汉语主要运用语调和语气词来表达不同的语气。语气词常出现在句尾，例如"你好吗？""雨伞呢？"，英语里没有相应的语气词，表达语气主要是靠语调。

5. 现代汉语的词类与句法成分之间不存在简单的一一对应关系

从词类跟句法成分的关系来看，现代汉语的词类跟句法成分的关系错综复杂，一类词可以充当多种句法成分，即词的多功能性。例如，形容词"安静"在不同的句法环境里可以充当不同的句法成分："教室里很安静"，作谓语；"她是一个安静的女生"，作定语；"她安静地睡着了"，作状语；"她睡得很安静"，作补语；"图书馆要保持安静"，作宾语。英语中词类与句法成分之间有一种简单的一一对应关系，名词与主语、宾语对应，动词与谓语对应，形容词与定语、表语对应，副词与状语对应。英语往往通过添加词缀等构词手段，改变词形、词性和词的功能，例如 quiet（安静）是一个形容词，加上后缀，构成 quietly、quietness、quieten，就变成了副词、名词和动词。

6. 现代汉语的词、词组和句子的构造原则基本一致

现代汉语的复合词、词组和句子，在构造上都有主谓、动宾、偏正、补充、联合等结构关系，词、词组和句子的构成原则基本上是一致的。例如，词"心烦"、词组"头大"、句子"天黑了！"都是主谓结构。英语的句子构造跟词组的构造不同，句子的谓语部分需有一个限定式动词充当主要动词，与主语在人称、数等方面保持一致，而词组中的动词只能是不定形式或分词形式，不能是限定形式。

（二）同古代汉语相比

1. 现代汉语的量词越来越丰富

古代汉语里通常数词和名词可以直接组合，中间不用量词，例如"一妻一妾""十目""一鸡""一瓶""一人一桌一椅一扶尺"等。现代汉语里数词和名词组合中间一般要用量词。

2. 现代汉语词类活用现象明显减少

古代汉语词类活用现象比较突出，常见于书面语，如"范增数目项王""扁鹊过齐，齐桓侯客之""老吾老以及人之老""登泰山而小天下"，"目""客"是名词，"老""小"是形容词，都用作一般动词。现代汉语词类活用现象明显减少，词类活用常见于口语。

3. 现代汉语的否定句和疑问句中代词宾语的语序发生改变

现代汉语宾语的语序通常是置于动词或介词之后，但在古代汉语里，否定句和疑问句中的代词宾语要置于动词或介词之前，这就是通常所说的"宾语前置"。例如，"不患人之

不已知，患不知人也。""吾谁欺？欺天乎？""子归，何以报我？"现代汉语里，不管是不是否定句、疑问句，也不管宾语是不是代词，宾语一律放在动词或介词的后面。

此外，现代汉语的句式跟古代汉语相比也有一些明显的变化，例如"被"字句和"把"字句经过长期的演变，发展成现代汉语常用的用来表示被动义和处置义的基本句式。

第二章　现代汉语的语音与词汇

第一节　语音基础

一、语音的性质

语音是人类发音器官发出的用以交际的声音，是具有一定意义的声音。语音是语言的物质外壳，语言要通过语音来传递信息进行交流。

（一）语音的物理性质

语音首先是一种声音，它同自然界的其他声音一样，产生于物体的振动，具有物理性质。语音的物理性质具有四个基本要素：音高、音强、音长、音色。

1. 音高

音高指声音的高低，是由发音体振动的快慢来决定的。声波每秒振动的周期次数就是声波的频率。在一定时间内振动的次数多，频率高，声音就高；振动的次数少，频率低，声音就低。发音体振动频率的高低与发音体的大小、长短、粗细、张力等因素有关。发音体长的、大的、松的、厚的一类，振动慢，频率低，发出的声音就低，反之则高。语音的高低，则跟声带的长短、厚薄、松紧有关。人的声带是不完全相同的。一般成年男子声带长而厚，成年女子声带短而薄，因而听起来男性比女性声音略低。此外，同一个人发音时声带的松紧不同，声音也有高低之别。汉语的声调，如普通话里的 dū（督）、dú（独）、dǔ（睹）、dù（度），主要是由不同的音高构成的。

2. 音强

音强指声音的强弱，是由声波振幅的大小决定的。振幅大，声音就强；振幅小，声音就弱。敲鼓时，用力大，音强就强，发出的声音就大；用力小，音强就弱，发出的声音就小。普通话里的"孝子"和"儿子"里的"子"音强不同,前一个"子"音强比较强,后一个"子"音强比较弱。词语中的轻重音主要是音强的不同形成的,并且,声音的强弱在普通话中还有区别词义的作用,比如"地道"中的"道",分别读为轻声和非轻声时,所表示的意思是不一样的。

3. 音长

音长指声音的长短,是由发音体振动时间的长短决定的。时间长,音长就长;时间短,音长就短。英语中元音的音长与否,有区别意义的作用,比如 ship(船)和 sheep(羊)的区别,主要是其中元音 [i] 的音长不同。sheep 里的 [i:] 音长长,ship 里的 [i] 音长短。在普通话和多数汉语方言中,音长对于区别字词的意义作用不大,但在语句感情的表达上有一定作用。

轻声音节中的音长较短。例如,读单字"亮"与读轻声词"月亮"的"亮"是有差别的,"月亮"里的"亮"音长较短。

4. 音色

音色指声音的特色,是由声波的不同形状决定的。它是每个声音的本质,所以也叫音质。发声体不同、发音方法不同、共鸣器的形状不同,都会造成音色的不同。

(1) 发音体不同,音色不同

例如,胡琴和口琴的声音不同,原因就在于发音体一个是琴弦,一个是簧片。普通话中发 b 时,主要发音器官是上唇和下唇,发 g 时,主要发音器官是舌根与软腭,因而造成了声音的不同。

(2) 发音方法不同,音色不同

例如,同一把小提琴,用弓子拉和在必要时用手指弹拨发出的音是不一样的。同样,g 和 h 这两个音,主要发音器官都是舌根与软腭,但 g 是用爆发方法发音,h 是用摩擦方法发音,发音方法不同,因而声音不同。

(3) 共鸣器不同,音色不同

比如大、小提琴,二者的发音体都是弦,发音方法都是用弓拉,但是大提琴的共鸣器很大,小提琴的共鸣器很小,音色就不一样,大提琴浑厚、低沉,小提琴明亮、悠扬。再比如 u 和 o 的共鸣器都是口腔,但发 u 时口腔开度要比发 o 时小,因而声音不同。

在任何语言中,音色是区别意义的最重要的要素。

(二) 语音的生理性质

语音是由人的发音器官发出来的,具有生理性质。发音器官及其活动决定语音的区别。发音器官可以分为三部分。

1. 肺和气管

任何声音都是物体受外力作用发生振动而产生的。气流是发音的动力，呼气时肺是气流的动力站。气管是气流出入的通道。肺部呼出的气流，通过支气管、气管到达喉头，作用于声带、咽腔、口腔、鼻腔等发音器官，经过这些器官的调节而发出不同的语音。

2. 喉头和声带

气管的上部接着喉头。喉头是由四块软骨构成的圆筒，圆筒的中部附着声带。声带是两片富有弹性的肌肉薄膜，两片薄膜中间的空隙是声门，声门是气流的通道。声带可以放松或拉紧，可使声门打开或关闭。声门打开时，气流可以自由通过；声门关闭时，气流可以从声门的窄缝里挤出，使声带颤动发出响亮的声音。

3. 口腔和鼻腔

喉头上面是咽腔。咽腔是个三岔口，下连喉头，前通口腔，上连鼻腔。呼出的气流由喉头经过咽腔到达口腔和鼻腔。口腔、鼻腔、咽腔都是共鸣器，对发音来说口腔最重要。构成口腔的组织，上面的叫上腭，下面的叫下腭。上腭包括上唇、上齿、齿龈、硬腭、软腭和小舌，硬腭在前，是固定的，软腭在后，可以上下升降，软腭后面是小舌。下腭包括下唇和下齿，舌头也附着在下腭上。舌是口腔中最灵活的器官。舌头又分为舌尖、舌面和舌根。舌头的前端是舌尖，自然平伸时，相对着牙齿的部分是舌叶，舌叶后面的部分是舌面，舌面后面的部分是舌根。上腭上面的空腔是鼻腔，软腭和小舌处在鼻腔和口腔的通道上。软腭上升时，鼻腔关闭，气流从口腔通过，这时发出的声音叫口音。软腭下垂时，口腔中的某一部位关闭，气流从鼻腔通过，这时发出的声音叫鼻音或纯鼻音。如果口腔内无阻碍，气流从鼻腔和口腔同时呼出，这时发出的声音同时在口腔和鼻腔中共鸣，叫鼻化音（也叫半鼻音或口鼻音）。

（三）语音的社会性质

语音是一种社会现象，具备社会性质。语音的社会性是它的本质属性，突出地表现在语音和语义的联系上。何种语音表达何种意义、何种意义用何种语音表达，其间并没有必然的、本质的联系，也都不是个人的决定，而是一定范围内的社会成员在长期的社会生活中"约定俗成"的。在不同语种或方言中，同一个意思会用不同语音来表示，比如"装订成册的著作"这个意思，在汉语普通话中用 shū（书）这一语音形式，在方言中还有 su、fu 或 xu 的表示方法，而在英语中则用 [buk]（book）这一语音形式表达。这正如我国著名的哲学家荀子在《荀子·正名》中所言："名无固宜，约之以命，约定俗成谓之宜，异于约谓之不宜。名无固实，约之以命实，约定俗成谓之实名。"

此外，各语种或方言都有自身独特的语音系统，这也是语音社会性的表现。即使从物理属性和生理属性上看完全一致的语音单位，在不同语种或方言中也可有不同地位或作用，因而形成不同的语音体系。比如，在普通话中有z、c、s和zh、ch、sh两组声母：私人≠诗人、桑叶≠商业，而在粤方言和吴方言中只有一组z、c、s声母，没有zh、ch、sh声母。再如，普通话中送气音p、t、k和不送气音b、d、g分得很清楚，是两套语音单位：兔子≠肚子、跑了≠饱了，在英语中送气音和不送气音却算作一套语音单位。可见，语音的性质不单单体现在物理和生理两方面，还有社会属性，而且社会属性是语音的本质属性。

二、语音的单位

语音是人们用来感知语言、理解语言的。语音的基本构成单位是音节，但音节并不是最小的语音单位。从音色角度划分，音节由一个或几个音素组成；从构成结构划分，音节可分为声母、韵母、声调三部分。需要特别指出的是，音节、音素是各种语言都有的语音概念，而声母、韵母、声调则是汉语特有的概念。下面分别从音素、声母、韵母、声调等4个方面对语音的单位进行阐述。

（一）音素

音素是最小的语音单位。这是从音色的角度进行划分的。普通话中的"他tā"和"踢tī"都各是一个音节，两者声母相同，声调相同，但是a、i不同，即韵母不同，发音就不一样，a、i再不能往下分了，它们就是最小的语音单位，就是音素。音节就是由音素构成的。普通话的一个音节，最少的由一个音素构成，如"啊a"；最多的由四个音素构成，如"状zhuang"就包括zh、u、a、ng四个音素。在《汉语拼音方案》中，大多数情况是一个字母表示一个音素，如a、o、e、p、d；有五个音素是用两个字母表示：zh、ch、sh、ng、er。

现代汉语共同语语音系统共有32个音素，可以分为元音和辅音两类。

1. 元音

元音在英语中叫作vowel，这个词也源于拉丁文，本意是"声音"，指的是凡是因声带颤动发出的，引起口腔的共鸣，而又不受其他发音器官阻塞的音。元音是能独立发音的，相对于辅音又叫母音。在汉语中，元音也是发音时气流振动声带后，在口腔、咽腔不受阻碍所发出的响亮清晰的声音。发元音时，气流在口腔里不受发音器官的阻碍，只受口腔的调节，所以呼出的气流比较通畅，如"a、o、e"等。

元音的发音特点是：(1) 气流通畅，不受阻碍。(2) 声带全部颤动。(3) 发音器官的各个部位均衡地保持一种自然的紧张状态。(4) 用力均衡，呼出的气流较弱，但能从发音器官的通道上自由地呼出。(5) 声音响亮。发元音时，由于声带的颤动得到气流通道上各空腔的共鸣，所以元音的响亮度比较强，容易清楚地传播出去。

2. 辅音

辅音是气流在口腔里受到阻碍，气流必须克服阻碍而发出的声音。辅音又叫"子音"。在英语中，辅音叫作 consonant，这个词源于拉丁文，本意是"协同成声"，因为它在独立发音不附着元音的时候，音量微弱，不太响亮，听话的人在听觉上很难分辨是哪个辅音。所以当人们呼读辅音音符的时候，习惯上总要拼上一个元音。如汉语拼音中的辅音声母"b、p、m、f"在呼读时都加上了元音"o"，否则无法辨别。从这个角度说，辅音也叫作子音，元音也叫作母音。

辅音的发音特点是：（1）气流受阻。发音器官各部位对气流构成各种阻碍，才能形成不相同的辅音。(2) 声带有的颤动，有的不颤动。发浊辅音时声带颤动，发清辅音时声带不颤动。(3) 肌肉要紧张点。发音器官对气流构成阻碍部分的肌肉，比其他部分的肌肉更紧张。如发"b"时口腔肌肉都比较紧张，但是紧张点在双唇上。(4) 用力较大。发辅音时气流要冲破阻碍，所以肺部用力较大，气流较强。(5) 响亮度较弱。清辅音的响亮度很弱，浊辅音虽是"带音"，但响亮度还是比元音小，因此，辅音不容易清楚地传播出去。所以在教学辅音的时候，习惯上要加一个元音呼读。

普通话语音系统共有 22 个辅音，即 b、p、m、f、d、t、n、l、g、k、h、j、q、x、zh、ch、sh、r、z、c、s、ng。其中，m、n、l、r、ng 5 个是浊辅音，其余的都是清辅音。另外，ng 只能作韵母的一部分，而不能作声母。

3. 元音和辅音的区别

（1）元音发音时，气流在咽头、口腔不受阻碍；辅音发音时，气流通过口腔、鼻腔时要受到某部位的阻碍。这是元音和辅音的最主要区别。(2) 元音发音时，发音器官各部位保持均衡的紧张状态；辅音发音时，构成阻碍的部位比较紧张，其他部位比较松弛。(3) 元音发音时，气流较弱；辅音发音时，气流较强。(4) 元音发音时，声带要颤动，发出的声音比较响亮；辅音发音时，有的声带颤动，这样的辅音叫浊音，声音响亮，如 m、n、l、r；有的辅音声带不颤动，声音不响亮，如 b、t、z、c，这样的叫作清音。

（二）声母

声母指汉语音节中开头的辅音。"普通话"三个音节的声母分别是：p、t、h。22 个辅音中除"ng"不能当声母外（只能用在韵尾，如 zhang、chuang），其余的都可以做声母，也就是说普通话共有 21 个辅音声母：b、p、m、f、d、t、n、l、g、k、h、j、q、x、zh、ch、sh、r、z、c、s。

此外，有的音节开头的音素不是辅音，就是说音节的声母为零。语音学上称为"零声母"，这样的音节称为"零声母音节"，如"藕 ǒu""昂 áng"等。有了零声母概念，可以说普通话里所有音节都有声母，都可以分为声母、韵母两部分。汉语拼音里的 w 和 y 两个字母,只出现在零声母音节的开头,如"衣 yi""汪 wang"等,但 w、y 是"头母",而不是声母。它们的作用主要是使音节界限清楚。

(三)韵母

韵母指汉语音节中声母后面的部分。韵母由单元音或复元音组成,比如,"普"的韵母里的元音为 u,"话"的韵母里的元音为 u、a;有的韵母中也有辅音成分,n、ng 两个鼻辅音常在韵尾中出现,如"通"的韵母 ong 里含有一个元音 o 与一个鼻辅音 ng。

普通话韵母共有 39 个。其中单韵母有 10 个:a、o、e、i、u、ü、-i(前)、-i(后)、ê、er;复韵母有 13 个,二合韵母 9 个:ai、ei、ao、ou、ia、ie、ua、uo、üe;三合韵母 4 个:iao、iou、uai、uei;鼻韵母 16 个,又分前鼻音尾韵母 8 个:an、en、ian、uan、üan、in、uen、un,后鼻音尾韵母 8 个:ang、iang、uang、eng、ing、ueng、ong、iong。

韵母内部按传统的分析方法,又可以分为韵头、韵腹、韵尾三部分。韵母中开口度最大、声音最响亮的元音为韵腹,韵腹前面的元音为韵头,后面的音素为韵尾。汉语并非每一个音节中的韵母都有头、腹、尾三部分。有的音节没韵头,有的没韵尾。但是绝不能没有韵腹。韵腹是音节中的主干,是不可缺少的主要组成部分。

(四)声调

声调是音节中具有区别意义作用的音高变化。由于一个音节就是一个汉字,所以也可称为"字调"。例如"老 lǎo",读起来先降低然后又上升,这种先降后升的音高变化形式和升降幅度就是音节"老"的声调。普通话有四种基本声调:阴平、阳平、上声、去声。声调在词语和语流中会发生一些变化,也就是有"音变"现象。

三、语音的特点

现代汉语语音最明显和突出的特点是有比较强的音乐性,经常表现为声音悦耳动听,音调和谐柔美,节奏鲜明突出,韵律协调有致。上述特点主要由以下几个因素决定并凸显出来。

(一)元音

汉语音节中元音占优势,这主要是因为一个音节中可以没有辅音,但是却不能没有元音。普通话中,单独由元音(包括单元音和复元音)构成的零声母音节比较多见,而辅音却基本不能单独构成音节。元音属于乐音,而辅音则属于噪音,乐音多而噪音少,所以现代汉语语音的音乐性就比较突出和明显。

（二）辅音

辅音方面比较突出的是：

第一，没有复辅音。一些常用外语（比如英语）中，都有两个甚至三四个辅音连在一起的复辅音，不少学者趋向于认为，古汉语中也有复辅音，但是普通话无论在音节的开头还是结尾，都不存在复辅音现象，一般情况下都是辅音与元音互相间隔，音节界限就比较分明，音节的结构形式也比较整齐，另外也使语言更富节奏性。

第二，清辅音多而浊辅音少。普通话的22个辅音中，发音时声带不颤动的清辅音有17个，而发音时声带颤动的浊辅音只有4个，相对于英语以及某些方言，这个数量是相当少的。

（三）声调

汉语的每一个音节都有声调。声母、韵母和声调构成了汉语音节的三要素，其中声调是音节的标志，声母、韵母相同的音节往往靠声调的不同来区别意义。普通话阴平、阳平、上声、去声以及轻声的高低起伏与变化，一方面使音节的界限分明，另一方面也使语言更具高低抑扬的音乐色彩和风格。

四、语音的发展

现代汉语语音的发展现状基本可以表述为，在稳定的基础上略有调整和变化，调整主要表现在自上而下的进一步规范，而变化则是在具体的语言运用中对已有规范的某些改变等，二者共同的表现是某些字的某个读音改变，从比较宏观的角度，也可以说是具体读音的增加和减少。

（一）语音的增加

随着新词的出现，尤其是对外来词和方言词的吸收，某些新词所具有的新的音节形式也相应产生。这些音节形式可能与原有的声韵拼合规律不符，也可能没有相应的汉字来表示，但我们绝不能因此视之为异端。

一般认为，普通话的音节数一共有400个左右，我国学者黄伯荣、廖序东主编现代汉语所附的《普通话声韵配合表》中，一共列出了声韵配合形式407个，也就是407个音节。如果再加上5个声调（阴平、阳平、上声、去声和轻声），那么从理论上讲，普通话一共可以有2035个音节。但是，实际的音节数要少得多，因为并不是每一个声韵配合形式都有5个声调的字，比如"mu"只有阳平、上声和去声，没有阴平和轻声，"ji"没有轻声。《现代汉语词典》第5版的《音节表》所列带声调的音节只有1335个，可以基本以此为准，凡是在这1335个音节之外的，就认定属于新产生的音节。

在汉语的一些词语中，有时会出现西文字母，形成所谓的字母词语。当今字母词语的数量不仅很多，而且其中有一些已经相当常用，具有了相当的稳固性。对于字母词语中的西文字母，人们基本是按其原本读音来读的（当然，这实际上已经是一种"汉化"的读音了，比如原字母没有声调，而进入汉语后一般就要加上一个声调）。这样读的结果，这种情况一是有些西文字母可以按汉语已有的相同或相近的音来读，如"G"（用例如"这是一个400G/400个G的硬盘"），有人读为"zhèi"，有人读为"ji"，然而这两个音都是汉语固有的，所以并未增加新的音节；另外一种情况就是用汉语中原本没有的音来读，而由此就促生了新的音节。

产生新音节的语音增加并不多见，而不产生新音节、只增加新读音的情况就比较多了。改革开放以来，随着外来词语的大量引进，产生了不少新增读音的例子。比如，由对英语TAXI（出租汽车）音译而来的"的士"，其中的一个音节"的"迅速实现了语素化，构成了"的哥、的姐、的票、打的、板的、摩的、火的、马的"等"的"族词语。"的"的读音同于"第"，对"的"字来说，"di"就是原来没有的一个新增读音。方言词的引进而造成某一个字读音增加的例子如"埋单"。此词是现在的一个常用词，差不多快要取代原有的"结账"了。关于这个词，当代著名语言学家、音韵学家、文学家、教育家、文化学者林伦伦等编著的《现代汉语新词词典》的注音及解释是："mǎidān"进入普通话中的粤语词。"埋"是收拢、靠拢的意思，埋单就是把消费的账单（特指餐馆消费的账单）收拢在一起最后结账。这个词在北方多被误写成"买单"。无论写成"埋单"还是"买单"，但读音却只有一个，这就是"mǎidān"。对"埋"而言，这个"mǎi"就是一个新增加的读音，因为它以前只有"mái"和"mán"（只有"埋怨"一个词）这两个音。

读音规范可以造成具体读音的增加。20世纪50年代，普通话审音委员会曾经分三次发表了《普通话异读词审音表初稿》，其后60年代辑录成《普通话异读词三次审音总表初稿》。80年代，重建的普通话审音委员会对原表初稿又重新作了修订，这就是《普通话异读词审音表》。国家语言文字工作委员会等在公布此表的通知中强调：自公布之日起，文教、出版、广播等部门及全国其他部门、行业所涉及的普通话异读词的读音、标音，均以本表为准。此外，20世纪80年代的《简化字总表》对原《简化字总表》中的个别字也做了调整，从而使有些字的读音也发生变化，其中就包括读音的增加。由此而新增加的读音如：

"辑"：原只有"jí"一个音，审定的结果，是"辑录、辑要"等仍读"jí"，"逻辑"的"辑"则读轻声。这样，就增加了一个轻声的"ji"音。

"膊"：《现代汉语词典》及《新华字典》的各种版本中，都只列了一个"bo"音，如"臂膊""赤膊上阵"等，虽然它们把"胳膊"都注为"gē bo"，但在"膊"字条下都没有作为一种读音单独列出，而《普通话异读词审音表》则确定了"膊"有阳平和轻声两个读音。

（二）语音的减少

语音的减少主要是异读词/字整理的结果。

异读词审音最重要的结果之一就是归并异读，统读为一个音，这样，就原有读音的数量来说，自然是减少了。例如：

"凹"：原有"āo"和"wā"两个音，统读为"āo"。

呆原有"dāi""ai"二音，后者只用于"呆板"，现统读为"dāi"。

规范性的字/词典往往也反映了语音规范的结果，其中就包括读音减少的情况。比如以《现代汉语词典》第1版和第3版来对比，就能看到很多这样的情况：

"往"第一版有"wǎng""wàng"二音，后者用于"往远处看""往东"等，第3版统读为"wǎng"，读"wǎng"音时可写作"望"。

"咱"第一版有"zán""zá"和"zan"三个读音，其中"zá"只用于"咱家"（我，多见于早期白话），轻声的"zan"则用于方言中的"多咱、这咱、那咱"等，第3版统读为"zán"。

第二节　语音教学分析

一、语音教学

语音出于甲之口，经过空气的传递，入于乙之耳，一发即逝，不留踪迹。对于这种抓不住、摸不着的现象要做出说明，进行分析，确实很不容易。我们经常听到一些师生表示，语音教学枯燥、乏味，发音原理比较难懂、难教、难学、难记。同时，教学效果也不是很明显，与教学目标及教学要求相去甚远，语音教学的地位也越来越低，越来越不受重视。其主要表现如下。

（一）语音教学内容

现代汉语课程的语音教学内容一般包括语音概说、声母、韵母、声调、音节、音变、方言辩证、语调、音位等内容，其中声母、韵母、声调、音节等内容，从学习语文开始就作为基础知识系重点地学习过，而到了大学期间，汉语言文学等专业的现代汉语教材中仍然在讲授这些内容，教学内容与之前所学仍有重复，没有新鲜感，学生在学习的过程中就会产生厌烦情绪，从而轻视这门课程。这是从历史的层面加以探讨的，我们再看共时层面。我国高等院校汉语言文学专业、古典文献专业、应用语言学专业（中文信息处理专业)、对外汉语专业、文秘教育专业的语言类课程主要涉及《现代汉语》《语言学纲要》《教师口语》《古代汉语》《音韵学》等教学内容。这些课程的教学内容有大量的重复与交叉,很多内容如出一辙,使学生对语言类课程的学习兴趣不高。

(二)语音教学安排

现代汉语是一门基础课,包括绪论、语音、文字、词汇、语法、修辞、语用等几部分,一般是6学分,108学时。其中的语音教学大概可以达到18学时,大概用2—3周时间进行集中学习。由于学习时间较短,在学生的头脑中无法对语音这门基础知识树立起比较牢固的形象。语音基础没有打好,势必影响今后其他课程的学习,而且较短的语音基础知识的学习时间,难以达到语音的教学目标与要求。

(三)语音教学方法

语音是语言的声音,是由人类的发音器官发出来的,表达一定意义的声音。在教学方法上,教师一般采用"填鸭式"的、单一的理论教学,比较注重理论的阐释,从发音部位讲到发音方法,忽略了语言的训练。尤其是方言区的学生,得不到有效的训练,仍旧是鼻边不分、平翘不分,h、f不分,前后鼻音不分,送气与不送气不分,讲起普通话错误百出,不够纯正。

二、语音教学的策略

(一)从兴趣入手

"兴趣是成功的一半",因此教师在教学中要从兴趣入手。如在讲到语音四要素的时候,"音高"书上说"声音的高低",这样的定义即使没有,学生也会知道是声音的高低,如何加深学生的印象?老师可以从音乐入手,所谓的音高就是指频率,我们可以把世界上的经典海豚音,播放给学生听,并把不同歌手的歌声放给学生听,让学生来判定哪些高哪些低。在此基础上老师可以引导学生,如果喜欢唱歌并且想发出比较高的音节的时候怎么办呢?就是让我们的声带绷紧,就是要用假声,什么是假声学生也就理解了。在此基础上给学生听一听周杰伦的歌曲,让学生找出哪个字的音最低,当声音低到最低点的时候,就是我们所说的嘎裂声了。由此,学生对音高就有了更为直观的认识,记忆自然就深刻了。当然对于语音软件比较欠缺的学校来说,老师在选取歌曲的时候,一定要注意一点,即歌曲的音高区分度要明显,让学生一听就能够明显地感觉到它们之间的差异。而在这个教学过程中,如果能够结合实验语音学的软件就会更好。讲韵母的时候,给学生讲一些古代诗歌,让学生体会诗歌的音韵美,同时讲授如何使用韵母,让学生运用所学的知识,写出比较简单的诗歌。当讲到声调的时候，可以播放《明月几时有》给学生听。

（二）从思想上重视语音

语音部分的学习之所以枯燥，更多的是思想上没有重视起来，学生认为已经学过了，而有些老师也有着同样的思想，再加上教育部《现代汉语教学大纲》明确规定：现代汉语课贯彻理论联系实际的原则，系统讲授现代汉语的基础理论和基础知识，加强基本技能的训练，培养和提高学生理解、分析和运用现代汉语的能力，为他们将来从事语文教学工作和现代汉语的研究工作打好基础。所以现代汉语课中语音部分也就更容易被忽视。比如国际音标部分很多老师就认为，这一部分的知识如果从事语文教学根本用不上，因为中小学目前还没有国际音标的教学，加上国际音标本身比较难，所以很多情况下，老师采取放弃的态度，或者仅仅告诉学生你们要记住。而老师的态度必然会影响到学生。其实这里的"语文教学工作"可以扩大一些，除了对中国学生的语文教学工作之外，还有对外国学生的语文教学。随着对外汉语教学的蓬勃发展，更多的外国人来到中国，为了与中国人交流、沟通，他们会首先学习我们的汉语。以我们学习英语为例，首先学到的是音标，音标就是告诉你这个音该怎么读。国际音标是全球通用的，所以反过来，当他们学习汉语的时候，也必须通过这样一种方式来记住汉语的音。从这一角度讲，学习国际音标就有了比较重要的作用。

（三）采用灵活的教学方法

传统的教学方法是老师讲学生听，这样会导致讲的人滔滔不绝，听的人昏昏欲睡。如何在有效的时间内，让学生掌握更多的知识成了一个问题。解决好问题的关键还是老师。我们以韵母部分的教学为例。韵母一共39个，课本上对单韵母的区别是从舌位的高低、前后、唇形的圆展三方面来讲的。老师按照课本讲完了，学生也记住了。老师课后采取练习的方式，让学生大段大段地练习，可是效果依然不是很明显。比如有的学生不会发"ü"这个音，老师会用手型的方法告诉学生，舌头在哪个位置，嘴唇怎么样，但是学生当时能发出来，过后又忘记了，最好的方式是用类比的方法，告诉学生如果会发"i"那么在发音时气流不要断，同时把嘴唇由不圆变成圆的，自然"ü"这个音就出来了。声母部分，收集一些外国学生说普通话的语音资料，让学生听，通过听的构成让学生感知他们声母部分的错误，比如，学生会发现外国学生经常将"zh、ch、sh"读成"j、q、x"。首先让学生凭借自己的感觉说出这两组音的区别，也可以一个一个地比较，比如先比较"zh"和"j"，学生就会说舌头的位置不一样，这样教师就可以引导学生，从舌头的位置把声母分成七大部分。学生还会发现"j"和"q"外国人也经常发错音，但是老师会发现，这两个音的区别学生就没有那么明显地感觉出来了，老师可以从这个角度引导出声母的另一种分类，即送气和不送气，利用一些错误语料的方法，能更好地引导学生，并让学生更好地理解老师所讲的内容。所以现代汉语语音的教学，教师要发挥主导性作用，引导学生，而不是满堂灌。让学生愉悦学习，学有所悟，学有所获，实现课程教学任务。

第三节　词汇基础

一、什么是词汇

（一）什么是词

词是语言中一种音义结合的定型结构，可以确定词必须具有以下几个特点：1. 词必须具有语音形式。2. 词必须表示一定的意义（词汇意义，色彩意义，语法意义）。3. 词是一种定型的结构：所谓定型是因为词的声音和意义一旦结合在一起，并被语言社会约定为词之后，词就成了一种相对固定的形式，什么样的声音表示什么样的意义形成了一种整体的存在，是定型化了的，一般情况下是不能够随意改变的。

所谓结构是指作为词，它也是由其他许多成分所组成，从语音形式方面看，它不仅具有由代表音位的音素组成的音节，而且它本身更是由数量不等的音节组合成的整体；从意义内容方面看，它是由表示意义的词素按照一定的语法结构方式组合而成的。因此，对一个词来说，无论在语音形式的组成方面，词素的组成方面，还是音和义的结合方面，它都是一个具有内部结构形式的整体。所以词是一种定型的结构。

词是可以独立运用的：词作为语言符号的单位，是一个不依赖其他条件而独立存在的个体。人们在组句时，可以根据所要表达的意思，选取恰当的词，按照组句的语法规则，组成各种不同的句子。在组句过程中，词是一个可以被独立运用的备用单位。

语言中有一部分是不能独立成句的，如副词"很""再"，量词"群""双""只"等。但是必须明确，不能独立成句绝不等于不能独立运用，以上例词虽然不能独立成句，但它们都能被独立运用来造句，而且在句中都能充当某个不可缺少的成分。

词是一种最小的单位词：作为一个最小的、不可分割的整体，主要表现为它必须表示一个独立而完整的意义。这个意义是特定的，表示着某种特定的事物或现象，所以一般情况下，都不能把词的意义看成为它组成成分的简单相加。因此，词也不能再被分割，否则这个词就会失去原有的意义而不再存在了，或者因改变了原来的意义而变成了另外的词。

（二）词汇的概念

词汇又称语汇，是一种语言里所有词的（或特定范围的）词和固定短语的总和，词汇是语言的建筑材料，所有的语句都是由各种各样的词经过一定的方式排列组合而成的。

词汇是语言中最直接反映社会生活的要素，既代表了语言的发展状况，又标志着人们对客观世界认识的广度和深度。词汇的丰富与否决定了语言的表现力，个人的词汇量则往往取决于他的学识、阅历。词汇量等于信息量。深入生活、关注社会、阅读书籍、利用媒体是扩大词汇量的有效途径。

（三）词汇的特点

1. 构词语素以单音节为基本形式

语素是语言的最小单位，也是构词的最小单位。汉语中，单音节语素占绝大多数。在口头上，一个单音节语素指的是一个带声调的音节，而在书面上则是指一个汉字，它们基本都是语义的承担者。汉语的单音节语素有两种存在方式，一是独自构成单音节词，二是与其他的语素或词缀结合为合成词。

双音节和多音节语素始终是少数，它们构成的基本都是古代汉语遗留下的联绵词以及各个时期音译的外来词。

2. 构词方式以词根复合为主

一般语言的造词方法主要有两种，即"词根+词根"的复合法与"词缀+词根"或"词根+词缀"的派生法，汉语造词方法以复合法为主，派生法为辅，并且表现出以下几个明显的特点：

第一，有意义的单音节语素差不多都能充当词根语素；

第二，复合词的构造与短语以及句子的构造基本一致，用得最多的是并列、偏正、动宾、动补、主谓这五种组合方法；

第三，完全虚化（即不表示任何词汇意义）的真正词缀非常少，只有为数不多的几个，所以真正的派生词数量也不多。

3. 以单音节和双音节为基本音节形式

汉语词汇的一个最重要的发展趋向是单音节词的双音节化，这既显示了汉语音节节奏的整齐美，同时也反映了汉民族的一种审美心理，另外还有效地减少了单音节词的同音词多和多义词多的现象。所以古往今来，有大量的单音节词被双音节词替代，其常见方法主要有：

第一，意义相近、相关或相反的单音节词并列成词，如"语言、手足、窗户、高低"等；

第二，添加词缀或"准词缀"，如"老师、狮子、学者、同化"等；

第三，添加修饰或限定语素，如"黄河、春耕、春天、改正"等；

第四，替换，如"目——眼睛、惧——害怕"等；

第五，重叠，如"微微、纷纷、舅舅、星星"等。

此外，词汇发展中的双音节化取向还表现在：

第一，保留大量古汉语中的双音节词，如"俸禄、惆怅、典范、遵循"等；

第二，把一些多音节短语或词进一步缩减为双音节词，如"整风、扫盲、花生、机枪"等；

第三，新生词语以双音节为多，如"电脑、手机、蚁族、房奴"等。

双音化的结果，是现代汉语中的双音节词占了绝对的优势。但是，这只是就数量来说的，如果就词的使用频率来看，情况则有所不同。《现代汉语频率词典》显示，在使用频率最高的100个词中，双音节词只有15个；在前50个高频词中，双音节词只有3个，分别是"我们"（第21位）、"他们"（41位）和"自己"（50位）。特别是日常口语中，那些超高频和高频词均以单音节词为多（比较"买—购买，走—行走"）。所以如果对现代汉语词的音节形式分布及其使用特点作一个较为准确的表述，则应当是单、双音节并重。

二、词汇的分类

在现代汉语词汇的分类中，在国内学术界最为流行的并被作为比较成熟的词汇学研究成果编入现行各种现代汉语教科书的是关于"基本词汇"和"一般词汇"的分类。

（一）基本词汇

基本词汇是词汇中的主要部分，其包括的词叫作基本词。

1. 基本词汇的特点

（1）全民性

基本词汇中的基本词所表示的都是全体社会成员在日常生活里所使用的最基本、最常用的概念或关系，不分阶层、不分职业、不分文化程度。

（2）稳固性

基本词汇中的词所反映的事物或现象都是人们生活中最必需、最重要、长期存在的，因而表示这些事物或现象的基本词汇也就随之长期存在，具有稳固性。但稳固性是相对而言的，基本词汇也有变化。

（3）能产性

基本词具有比较强的构词能力，是构成新词的基础。如"大"，由"大"构成的词就有将近400个。但也有一些基本词构词能力不强。

2. 几组重要概念

词汇的核心是基本词汇，基本词汇的核心则是根词。它们是基本词汇中构成新词的能力很强的词，如"天、地、山、水、人、大"等，都是根词。

为了进一步理解根词，需要区分两组概念：根词和基本词；根词和词根。

(1) 根词和基本词

基本词中，有许多构词能力很强，它们本身是可以独立运用的词，同时又经常充当构成合成词的语素，这些基本词是根词。

如"一"是一个独立的词，是造句单位，也可以作为语素构成几百个合成词和固定结构，如一般、一边、一并、一带、一旦、一定、一度、一概、一贯、一流、一律、一切、一起、一瞬、一向、一样、一直、一致、万一、专一、唯一、统一……一把手、一刹那、一场空、一次性、一刀切、一锅粥（形容混乱的现象）、一锅煮、一口气、一揽子、一盘棋(比喻整体或全局)、一条龙、一言堂……一板一眼、一本正经、一笔勾销、一步登天、一唱一和、一尘不染、一筹莫展、一刀两断、一帆风顺、一鼓作气、一见如故、一劳永逸、一马当先、一马平川、一穷二白、一丘之貉、一事无成、一知半解、网开一面、九死一生、昙花一现……

可见，根词和基本词的区别在于根词的构词能力特别强。根词一定属于基本词。而基本词，并不是每一个都有很强的构词能力，比如基本词中的代词和虚词等，构词能力并不强。

(2) 根词和词根

因为根词具有构词能力强这一特点，所以与构词法中说到的词根有了联系。

当根词不是作为一个可以独立运用的词，而是作为一个语素，同其他语素构成合成词时，它就成为词根了。如"天"："解放区的天，是明朗的天"，句中的"天"是一个词，是根词。

在"天才、天空、天气、天使、天涯、春天"等词中，"天"是构词成分，是语素，是词根。

而词根，不一定同时又可以是根词，它的情况较为复杂。

有的词根，是不成词语素，即使它有很强的构词能力，但是它只是语素，不是词，当然也就不是根词。如"民"可以构成很多合成词，如"民主""民族""民乐""民心""农民""人民""居民"等，但不能独立成词，所以在现代汉语中不是根词。

有的词根，虽然可以独立成词，是成词语素，但构词能力不强，没有普遍性，也不能成为根词。

有的词根，既可以是词根，也可以独立成词，而且构词能力强，有普遍性，当它独立成词时就是根词了。如前面所说的"天"。

根词和词根是不同性质的概念。根词，是词，是就这些词与词汇系统的关系说得，与基本词及一般词相对而言。根词是基本词汇的核心部分。词根，是语素，只是就合成词的内部构造说的，与词缀相对而言。词根是合成词中的核心部分。

（二）一般词汇

语言中基本词汇以外的词构成一般词汇。基本词汇和一般词汇的关系是相互依存，相互渗透。一般词汇按照构成成分的不同来源，主要分为古语词、方言词、外来词、借形词新造词和专业词语等。

1. 古语词

古语词是产生于古代汉语，在古代汉语里用过，在现代一般不常使用，只有在一定场合、一定要求下才使用的词语。

古语词既不是仅在古代汉语中使用而在现代已经消亡的词语，也不是从古代一直沿用到今天仍在口语中大量使用的词语。汉语是有着悠久历史文明和灿烂文化背景的语言，古代留下来的丰富的书面文献，成为汉语不断丰富其现代词汇的一个十分独特的源泉。

古语词包括文言词和历史词两种。文言词是现代汉语词取代了的古语词，它所表示的事物、现象或概念在现实生活中还存在，但已为新产生的词所取代；历史词是表示历史上曾经存在过，而如今已经消亡了的事物的词。

（1）历史词语

表示本民族历史上出现过但现实生活中已经消失了的，或传说中的事物现象的名称。如尚书、可汗、丞相、鼎、井田、宰相、夸父等。

鼎：商周时期的炊器，多用青铜制成，圆形，三足，两耳。

井田：相传殷周时代的土地制度，把土地划成井形，中间为公田，其余为私田。

宰相：古代辅助君主掌管国事的最高官员的通称。

夸父：传说中一位追赶太阳的人。

到了现代，历史词语一般只在说明历史现象和事物时使用，多见于历史学著作。也有的用作比喻、借代等。

（2）文言词语

有一些词语古汉语中用过，它表示的事物、现象、观念在现实生活中还存在，但现代汉语已不再使用它来指称，现代汉语已经有词语去代替它。如"尚、民、父、谓、乃、之、乎、者、也……"。

文言词语一般有同它对应的现代词语存在，这是历史词语所没有的性质。

古代汉语词汇中，典雅规范的文言文书面词语，是现代汉语吸收的主要对象。

古语词的作用：文言词语在现代汉语中的运用，受到一定题旨情境的制约，使用得当，可以产生很好的表达效果。文学作品中适当运用，可使表达典雅、委婉而多情趣；科技语体中经常使用单音节的文言词，可使表达简洁、凝练；用在贺电、唁电、重要声明中，可使表达具有庄重、严肃的感情色彩。

2. 方言词

方言词有广义和狭义两种理解，广义的方言词指各种方言里的词，狭义的方言词指从方言里吸收进普通话的词。

吸收方言词应该注意：(1) 不吸收与普通话词汇在意义、色彩方面完全相同的方言词，而应吸收方言词中那些表示特殊意义、人物的生动形象或地方性人物特征的词。(2) 表示方言区特有事物的词。(3) 不吸收对丰富普通话词汇无积极作用的方言词。(4) 基础方言中同时使用的几个意义完全相同的词，应当选用其中最普遍通行的。

3. 外来词

外来词是从外族的语言词汇中吸收进普通话词汇中的词。

外来词进入汉语以后要在语音、词汇、语法等方面进行改造，如语音方面有了声调，语法方面失去了形态标志等。

外来词进入汉语有四个高峰期：①汉朝，张骞通西域，出现波斯语的词；②汉朝到唐朝，特别是玄奘取经，出现大量的梵语词；③19世纪60年代以后，出现大量英语词；④改革开放以后，出现大量的英语词。

4. 借形词

使用外来词要注意：基础方言和非基础方言同时吸收进来的外来词，一般采用基础方言吸收进来的外来词；尽量采用意译的外来词；音译的外来词尽可能采用通用的形式。

5. 新造词

新造词是为了适应社会发展的需要而创造出来的新词。

新造词构成的途径：一是利用既有的基本词或语素，按照汉语的构词法直接构成；二是由短语减缩而成。新造词和生造词不同。

6. 专业词语

专业词语是指各个行业和科学技术上应用的词语，分为行业语和专门术语。

专业词语可能产生引申义，运用到社会生活中，成为通用词。

三、词汇的构造

词是由语素构成的，而语素是如何构成的，这就涉及词汇的构造。按其构造方式不同，词汇可分为单纯词和合成词两大类。

（一）单纯词与合成词

1. 单纯词

单纯词是只由一个语素构成的词。无论音节多少，只要由一个语素组成就是单纯词。如"山""好""蝴蝶""莫斯科"等词就是由一个语素构成的单纯词。再如"树""摇""好""二""很""的""了""扑通"。

2. 合成词

合成词是由两个或两个以上语素构成的词。无论是词根语素还是词缀语素（当然其中至少有一个是词根语素），只要有两个或更多的语素组成就是合成词。如"报纸""哥哥""黑乎乎"等词就是由两个或两个以上的语素构成的合成词。再如"思想""睡觉""提高""自卫""胖子""星星""白茫茫""计算机"。

（二）单纯词的语音结构

从上面所举例词可以看出，单纯词的语音结构不是单一的，其中有单音节的，也有多音节的，多音节的无论音节有多少，单个的音节都不表示意义，只有几个音节组合起来才能表示意义。对于多音节的单纯词而言，其内部的声音形式之间可能具有不同方面的联系，多音节的单纯词从声母、韵母、音节之间有无联系、有什么样的联系角度分析，可以分为以下几种。

1. 联绵词

联绵词是由两个音节连缀成义的单纯词。包括双声联绵词、叠韵联绵词、非双声叠韵联绵词。

（1）双声联绵词

双声联绵词指构成的两个音节的声母相同的联绵词。例如"仿佛""鸳鸯""伶俐""蜘蛛""蹊跷""坎坷""参差""忐忑""含糊""澎湃"等。

（2）叠韵联绵词

叠韵联绵词指构成的两个音节的韵母相同的联绵词。例如"骆驼""徘徊""逍遥""混沌""霹雳""苗条""蹉跎""朦胧""轱辘""迷离"等。

（3）非双声叠韵联绵词

非双声叠韵联绵词指构成的两个音节既非双声又非叠韵的联绵词。例如"葡萄""蝴蝶""鸳鸯""芙蓉""鹦鹉""蜈蚣""囫囵"等。

2. 叠音词

叠音词指由一个音节重叠而成的词。如"猩猩""姥姥""侃侃""翩翩""孜孜""冉冉""喋喋""迢迢""谆谆"等。

3. 拟声词

拟声词是模拟客观事物、现象的声音而形成的词。例如"嘎吱""知了"即是模拟事物发出的声音而形成的词。又如"叮当""扑通""哗啦""轰隆""扑哧""吧嗒""噼里啪啦""稀里哗啦"等。单个的音节或者没有意义，或者与原来的意义毫不相干。

4. 译音词

译音词是指模拟外语词的声音形式而形成的词，例如"咖啡""的士"即是模拟英语词的声音形式形成的词。又如"幽默""巴黎""吉普""马拉松""白兰地""乌托邦""歇斯底里""英特纳雄耐尔"等。音译词无论其音节有多长，单个的音节都没有意义。

（三）合成词的构成方式

1. 复合式

复合式是由词根和词根组成的合成词。词根和词根的组合方式不同，形成该种合成词内部结构方式的差异。主要有以下几种类型。

（1）联合式

联合式复合词由两个意义相同、相近、相关或相反的词根并列组成。例如"城市""艰难""制造""头绪""骨肉""禽兽""岁月""动静""得失""来往"等。构成联合式的各部分之间是平等并列的关系，没有主次之分。

（2）偏正式

偏正式复合词是由前一词根修饰、限制后一词根形成的词。例如"书包""绿豆""汉语""导师""长跑""狂欢""蜂拥""重视""牛皮纸""毛毛雨"等。前后语素之间具有修饰、被修饰的关系，起修饰作用的前语素是偏语素，被修饰的后语素是正语素。

（3）补充式

补充式复合词是由后一词根补充、说明前一词根形成的词。例如"提高""改正""弄清""说明"等，前一语素往往表示某种行为动作，后一语素表示动作行为的结果。另有一些补充式如"松树""梅花""布匹""花朵""泪汪汪""白茫茫"等，前一语素表示一种事物或现象，后一语素用表示的物类、单位或情状对前一语素进行补充说明。

（4）动宾式

动宾式复合词是由前面表示行为动作的词根支配后面表示关涉事物的词根形成的词。例如"知己""担心""观光""吃力""理事""负责""剪彩""冒险""动员""接力"等。前一语素表示行为动作，后一语素表示动作行为所支配的对象。

（5）主谓式

主谓式复合词的前一词根表示被陈述的对象，后一词根是陈述前一词根的。例如"目击""地震""肉麻""肩负""霜降""日食""事变""胃下垂"等。前后两部分是陈述和被陈述的关系。

2. 重叠式

重叠式复合词是由相同的词根重叠而成的词。例如"星星""白白""区区""落落""爸爸""姐姐""星星点点""老老少少""花花绿绿""坑坑洼洼"等。

一个词根重叠形成的双音节词的意义与重叠之前的词根的意义是一致的；由两个词根分别重叠构成的四音节词是在重叠之后取得词的资格的。

3. 附加式

附加式的词是由词根和词缀组成的合成词。根据词缀所在的位置分为两种情形。

（1）前缀+词根

词缀在前，词根在后。例如"老师""阿姨""老虎""老百姓""阿哥""阿妹""第一""第二""初一""初二"等。

（2）词根+后缀

词根在前，词缀在后。例如"扣子""桌子""现代化""甜头""作者""自觉性""风儿""突然""忽然""邮递员""酸溜溜""黑乎乎"等。

同样是词缀，构词的情形并不完全相同，有些如"老师""老百姓"中的"老"，"桌子""石头"中的"子"没有什么意义，主要陪衬音节。有些有一定附带的意义，如"第一""初二"中的"第""初"表示次第的意义，"酸溜溜""黑乎乎"中的"溜溜""乎乎"带有某种强化的意义。还有些词缀表示一定的语法意义，如"扣子""想头"中的"子"和"头"将动词"扣"和"想"变成了名词。此外，同样一个成分，可能属于不同性质的语素，如"老"，在"老者""老人""长老""王老"等词中，是词根语素，在"老师""老鼠""老虎""老百姓"等词中，是词缀语素，应注意分辨。

合成词可以是由两个语素组合而成，也可以是由多个语素（两个以上）组合而成，该类复杂的合成词有多个结构层次，每个结构层次都有自己的结构关系。如"痱子粉"，"痱子"和"粉"是一个大层次，两者之间是偏正关系；其中"痱子"内部还可以再分出一个层次"痱"和"子"，两者之间是词根加词缀的附加关系。无论怎样复杂，合成词的结构关系都应以第一个结构层次为依据来确立。

第四节　词汇教学分析

一、词汇的发展规律

现代汉语词汇虽是语言中发展变化较大的部分，但并不意味着它的一切规律均在变动中，应该说，词汇的规律有保持稳定的静态规律和不断变化的动态规律两种。

（一）词汇保持稳定的静态规律

保持稳定的静态规律主要是构词规律。

1. 构词语素以单音节语素为基本形式

语素是语言的最小单位，也是构词的最小单位，由此可看到文字记录的古代汉语到现代汉语，几千年以来，单音节语素在语素中占绝大多数。在口头上，一个单音节语素指的是一个带声词的音节；在书面上是汉字，过去常有说词是由字构成的，那是因为一个汉字绝大多数情况下代表一个语素。科学的说法应该是词是由语素构成的。

汉语的词大多由单音节"语素"构成。单音节语素在构词上有神奇的力量，单音节语素写出来是一个字，所以我们计算单音节语素的数量可以以字的数量来计，常用的大概有3000多个，次常用的又有3000多个。6000多个单音节语素，以一定的语法结构组合，可以构成的词当在几万，常用词也会有上万个。

因而，当出现了一个新事物或新概念，需要一个新词表达的时候，可供选择的构词语素有几千个，不愁选不出合适的"人选"。比如，当人们创造出将活动景物的图像和声音(伴音)变成电信号并通过无线电波传送出去，使图像和声音重现的过程，就制造出接收这图像和声音的电视机，那么，就有了"电视"这个新词的产生来表达上述概念。而"电""视"这两个语素是从古代就有的语素，没有想到可以被挑选出来组成表示现代化事物的新词。可见，新词并不一定要创造了新语素才能形成，多半是用库存的语素经过筛选构成新词。

看一个单音节语素构词能力强不强，有两个条件，一是能否独立成词，二是能否与别的语素构词，且构词时次序灵活。两者能力兼具的叫自由因素。只具备第个种条件，即不独立成词，但能与别的语素组合且组合位置灵活的是半自由语素，只能与别的语素组合且位置不灵活的叫不自由语素。单音节语素中大量的是自由和半自由的语素。自由语素不少，所以单音词不少。构词能力强，使得汉语词库中极易增添新的生命。比如"冰释"，冰是自由的语素，可以独立成词（一块冰），也可以和其他语素组成合成词（冰棒、冰雹、冰河、旱冰、滑冰、溜冰鞋）。"释"作为消除义，只能成为半自由语素，如释疑、释然、涣然冰释。不自由语素或称词的前缀、后缀，多半是虚化的语素(者、性、派、家、手、子、儿、头、阿、志、初、第等)。

双音节和多音节语素在数量上始终是少数，而且没有发展的趋势。以古代汉语遗留的"联绵字"来看，数量比先秦西汉只少不多。外来词多数由双音节和多音节语素构成（咖啡、巧克力、普罗列达里亚），总数量是比古代、近代时多，但仍然有限，这是受汉语言文字本身规律之约束造成的。

2. 语素构词以五种语法结构为基本形式

语素和语素以先后次序组合成词，这组合是有语法规律的，它同词与短语合成短语的五种基本结构是相同的。自然短语的内部结构要比词的构成复杂，因为短语的组合不受音节的限制。

这五种组合方法是并列、偏正、动宾、动补、主谓。又一种说法是联合、修饰、支配、补充、陈述五种方式。以上五种结构是新词产生采用的主要结构，特别是并列、偏正、动宾这三种方式。其中动宾结构比过去要多，这很值得注意。

3. 常用词的音节数以单音节和双音节为基本形式

汉语的词由单音节词向双音节词发展，这是古代汉语向近代、现代汉语发展的一个重要特点。从运用汉语的人的心理看，双音节词是最受欢迎的。因为双音节词适应思维精密变化的发展，两个语素构词，词和词可以相应成为词族，比如，以"电"为第一个语素，和另一个语素组合的词有：电棒、电报、电表、电波、电镀、电场、电车、电池、电船、电话、电灯、电工、电焊、电机、电键、电铃、电路、电瓶、电扇、电视、电脑、电网、电眼、电钻等。

同时，双音节还避免了单音节词太多会产生过多同音词的现象。汉语语音系统是向简化的方向发展，如果单音词多，势必产生同音词多的情况，不利交际。

三音节词近现代较古代有明显的增加，特别是近几年，三音节词的数量不断增长。像"性"作为后缀的三音词，有相当多的词，成了一个词族。如多科性、逻辑性、代表性、敏锐性、可行性、盲目性、科学性、原则性、系统性、决定性等，列举上百个大概都不难。像"性"这样的后缀，又有化、家、员、者、派、犯、界、生、素、论、式、品、纲、度、法等，在它们充任不自由语素时，意义已经虚化了。但是，三音节词再增长，也没有超过双音节词的可能。

截至目前，汉语的多音节词发展到了四音节就不再向更多的音节发展，四音节词是音节数目的饱和点，有来历的成语是四音节的，仿造"四字格"的新成语也相同。另有一些专有名词或科学术语甚至一般用语，喜欢用两个双音节再行组合，又成了四音节词语：精神文明、物质文明、遗传工程、边缘科学、运载火箭、机器翻译等。

词到了四音节以上，往往要简约化，缩成双音节或三音节。"电子计算器"问世后，又出现了"电脑"来代替它就是例子。五个音节太长了，"电脑"是双音节，又用比喻造词法形象地道出了它的功能。"飞碟"的产生又是一例，最早代表这个新发现事物的词是"空中不明飞行体"或"UFO"，推广起来都有问题，前一个是七音节，后一个是英文字母缩写，最后以"飞碟"来代表，逐渐就用开了。

总之，构词语素以单音节为基本形式，就相对制约了词的音节数目。除了单音节有相当数量外，最受欢迎的双音节、三音节也得到了认同，四音节就到宽容的限度，五音节以上的词语多是科学术语或专有名词，不会是一般的常用词。这个情况已经形成较稳定的规律。

（二）词汇不断变化的动态规律

不断变化的动态规律是指词库中的新陈代谢。这部分主要说明词库中新陈代谢的规律。且"动态"一词是和"静态"相比较而言的，以词库内的贮存看，词语是在流动中的，有死亡的，有新生的，又有起死回生的，还有保持长久的生命力生存了几千年的，所以总的看，它是动态的。

1. 规范词语的构成

现代汉语标准语普通话，语音有规范，《汉语拼音方案》准确地描写了这个"以北京音为标准音"的规范。语法有规范，理论语法、教学语法也描写了这个规范，并佐以典范的现代白话文为例证。词汇的规范则是个难题，以北方方言为词汇规范的标准，不太科学，北方方言分支很多，一个名称常有多种叫法，且以方言词汇为规范标准，就忽略了社区词汇（下文要涉及）。以现代汉语的典范作品（包括社会科学和自然科学的各类作品）使用的词语为现代汉语的词汇规范是基于认为书面语言是民族共同语的高级的文学加工的规范化形式。就是口语色彩极浓的词语，在文学作品中一般都会反映出来。

通常看来，规范词语包括基本词、一般通用词、专业词以及被吸收的文言词、方言词和外来词，还应该包括不同于方言词的社区词。社区词可与方言词并列。

目前，关于现代汉语词汇规范的研究在进一步开展。这和国家新时期的语言文字工作的政策有直接关系。当前的中心任务是促进语言文字的规范化、标准化，以适应经济和科学技术的迅速发展。词汇的规范化标准，要反映在有形的词典上。

2. 规范词语和社区词语

社区词语是本文提出的新概念、新术语。它的内涵是指由于社会背景不同，社会制度、经济、文化的背景不同，以及由于背景不同带来的人们心理因素差异，而产生的适应本地社会区域的词语。社区词语的外延主要指（中国）香港、（中国）澳门等地区及海外华人社区所流行的词语。海外华人社区范围很广，比如东南亚华人社区、美国华人社区、欧洲华人社区等。

社区词语必然大大丰富规范词语的库存，人们交际中表述概念时可以有更多的选择，词语修辞有更多方式。比如，规范词语"宇宙飞船"指的是"用多级火箭做运载工具、从地球上发射出去能在宇宙空间航行的飞行器"。(中国)香港常称之为"宇宙飞船""穿梭机"用的是大家一看就懂的语素来构词。"宇宙飞船""太空船""穿梭机"都可通用，它有不同修辞色彩。(中国)香港由"太空船"衍生出的"太空人"，多用引申比喻义，比喻因移民外国而夫妻居住两地，先生常要坐飞机探家，而成为"太空人"。这个词限于（中国）香港常用，一时不能进入规范词语。再比如"游车河""游船河"，(中国)香港是作为一个词语来使用的，规范词语也作为三音节词吸收。这比说"乘车在街里兜风""乘船在河里游玩"来得简练。其中的"河"，是比喻车船的路线长似河般的流淌。

社区词语的产生和使用，完全符合词汇的发展随社会的发展而发展的一般规律，它丰富了现代汉语词汇，词汇研究也应关注这一新课题、新领域。

二、词汇的发展

任何一个时代的词汇，大致都可以分解为已有词语和新生词语两个组成部分。

（一）已有词语发展

这里的已有词语大致是指在现代汉语初步发展阶段已存在并且使用的各类词语。这些已有词语是现代汉语词汇此后发展变化的基础，而在此基础上，各阶段都有一些变化，其中尤以当代最为明显和突出。

与以前的阶段相比，已有词语在当代的存在和使用情况大致有以下几个较为独特之处。

1. 从退隐到复显

在新时期的词汇研究中，旧词语的"复活"是很多人经常涉及的一项内容，因为这一现象比较多见，所以才引起那么多人的关注。

从古至今，很多已有词语退出或基本退出了现实的言语交际，经历了一个由"显"到"隐"的过程；其中不少词语又隐而复显，从而经历了"显—隐—复显"这样一个很有特色的发展过程。

从指称对象（内容）来分，经历了上述发展过程的词语大致可以分为以下五类。

一是反映社会生产经营方面人、事、行为的，例如：大亨、东家、董事、贩子、股东、雇员、伙计、经纪人、老板、老板娘、业主、小费、当铺、底薪、董事会、公债、股份、国货、红利、期货、实业、奖券、拆借、倒闭、典当、放债、分红、挂牌、开盘、收市、拍卖、投标、招标。

二是属于域外人、事的，例如：安琪儿、天使、公务员、王子、白兰地、威士忌、博士、公寓、金婚、圣诞、探戈、夜总会、酒吧。

三是指称落后、丑恶的人、事的。

四是社交用语，例如：先生、女士、夫人、小姐、奉还（陪、送）、恭候、光顾、惠顾、赏光、赏脸、失迎（礼、敬）。

五是涉及其他人、事的，例如：律师、保镖、督学、法师、国人、佳丽、明星、名流、女郎、票友、同人、首富、阔佬、饭局、风水、官场、国粹、家境、家政、江湖、名片、沙龙、私立、衙门、饭碗。

有一些已有词语复显后，除了正常的使用外，还进一步简缩为语素，并且有的还相当能产。比较典型的如"酒吧"，简缩为"吧"后，构成了啤酒吧、洋酒吧、水吧、茶吧、咖啡吧、鲜果吧、巧克力吧、冰激凌吧、粥吧、西菜吧、餐吧、聊吧、话吧、氧吧、琴吧、钢琴吧、书吧、报吧、网吧、电脑吧、陶吧、陶艺吧、瓷吧、玻璃吧、纸艺吧、布艺吧、织布吧、泥人吧、首饰吧、健身吧、击剑吧、名画吧、漫画吧、奇石吧、歌剧吧、戏剧吧、乐吧、猎人吧、水车吧、球吧、球迷吧、迪吧、街吧、玩吧、玩具吧、乐吧、股吧、楼吧、香水吧、彩妆吧、街吧、路吧、露天吧、怀旧吧、渔吧、指甲吧、吧台、吧凳、吧椅、吧友、吧娘、吧蝇、吧兄、吧弟、吧客、吧街、泡吧等大量的"吧"类词语。

2. 词义发生变化

词义的发展变化是词汇发展变化的最主要内容之一，在当代汉语中，它的造成原因多样，表现形式多样，非常值得总结。

（1）自源性变化

所谓自源性变化，大致是指一些词语在不受外民族语言影响情况下发生的变化，是词义发展变化的主流，其最主要表现一是义项增加，二是词义扩大。

义项增加的例子如"包装"。此词在各版《现代汉语词典》中都只有"对物品进行包裹"和"包裹物品所用之物"这两个义项，而在增补本中，又增加了"（比喻）对人或事物从形象上装扮、美化，使更具吸引力或商业价值：～歌星／～体育比赛"这样一个新的义项。时下，这一新增义项与旧有义项一样常用。

词义扩大中最为多见的是词义的泛化，即由"专指"到"通指"。比如"工程"，本指土木建筑或其他生产、制造部门用比较大而复杂的设备来进行的工作，现已扩大到指那些需要投入巨大人力和物力的工作，这样，"工程"的所指就由具体扩大到抽象，由"专门"

到"泛化"了，前者如"三峡工程"，后者如"希望工程"。由于词义的扩大，词的使用范围也随之扩大，使用频率也可能随之提高，所以现在可以看到，"工程"已经成为一个高频使用的新词语组配单位，由它构成了大量的新词语。

有些已有词语增加了新义，并不是由于以上所说正常的词义引申，而是借由"别解"来实现的。所谓别解，本是一种修辞格，"是一种在特定语境下赋予某一词语以其固有语义（或惯用语义）中不曾有的新语义来表情达意的修辞文本模式"。最常见的情形是对原词中一个语素的意义进行别解，由此而形成一个原来没有的新义。例如"触电"，原义为人或动物接触较强电流，新义为与电影、电视发生关系，很显然，这一新义的获得，就是因为改变了原词中"电"的含义。与此相似的再如"红眼病"，原义指急性结膜炎，其外在表现是眼白发红，显然"红眼"用的是字面义；此词的新义是羡慕别人有名或有利而心怀忌妒的毛病，这是把"红眼"别解为"眼红"义，即看见别人有名有利或有好的东西时非常羡慕、忌妒，自己也想得到，这样的新义在产生之初往往有比较强烈的修辞意味和效果，这也是它与一般词义引申的不同之处。

一般认为，词义是一个综合的概念，除了词汇义（概念义、理性义、词典义）之外，还包括色彩义，所以词义的变化还应当包括色彩义的变化。

色彩义中最为普遍的是感情色彩，它指的是词语在表达基本的意义（词汇意义）之外所具有的反映使用者态度和情感等的附加意义，通常被概括为褒义、贬义和中性义三种类型。感情色彩是语言使用者思想意识和情感态度的反映，因而有很强的主观性。随着客观世界的发展变化，人们的主观意识也在发生变化，由此就造成了很多词语感情色彩的变化。

当代的汉语中，感情色彩变化比较集中的是由此前的贬义到现在的褒义或中性义，前者如"帝、皇、王、霸"等，在之前都是十足的贬义词语素，而现在却大都摇身一变，成为十足的褒义词语素，并且使用频率还相当高，如"影帝、跳水女皇、三冠王、称霸拳坛"等；后者如"疯狂"，历来都是贬义词，然而现在却部分地变成了中性义，像以下的用例已经相当常见了：像中国人过春节一样，节前几天近乎疯狂的年货大采买一直持续到圣诞前夜。

(2) 他源性变化

既然词义的自源性变化是指一些词语在不受外民族语言影响的情况下发生的意义变化，那么他源性的变化自然就是指在外民族语言影响下的意义变化了。他源性的变化通常是在这样的情况下发生：有一些外语词的义项多于汉语对应词，在引进这些汉语中原本没有的义项时，人们还是趋向于用这个汉语对应词来记录和表现，有人把这一现象称为"外来义项的借用"。人们经常把旧词产生新义形象地表述为"旧瓶装新酒"，那么此类情况则可以进一步说成是"汉语的旧瓶装外语的新酒"。

比如"广场",汉语原有意思是"面积广阔的场地,特指城市中的广阔场地"(见《现代汉语词典》),英语与之对应的词是"plaza"。但是,与汉语"广场"不同的是,"plaza"是个多义词,它还有几个义项,其中一个是"shopping center",即购物中心。后来,汉语引进了"plaza"的"shopping center"义,仍用已有的"广场"来对译,于是,汉语的"广场"就因为引进而多出了一个新义项。新义的"广场"最初只用于商业设施,如"家居广场、购物广场",后来指称范围逐渐扩大,也可以指综合商业区、娱乐场所以至于楼盘等,总之是指称范围越来越大、使用范围越来越广。

他源性新义词的使用一般有一个比较明显的限制:只有在一些固定组合中才显示新义,而离开这些组合形式,则一般仍为汉语原有意义。比如就"广场"来说,当说"那儿新建了一个美食广场"时,用的是新义;而当说"那儿新建了一个广场",表示的就是原有义。与"广场"类似的"傻瓜(傻瓜相机)""花园(啤酒花园)""银行(血液银行)"等,都在单独使用时为旧义,而在某些组合中才是新义。

但是,有些电脑类词语似乎没有这样的限制。比如"菜单",现代汉语原有的义项是"(饭店里)开列各种菜肴名称的单子",英语对译词是"menu"。随着电脑技术的发展,英语的"menu"又用来喻指电脑的选择表或选项单,这一义项很快就进入汉语,使得汉语的"菜单"也相应增加了这样一个义项,例如:你选择了"电影",紧接着屏幕上会出现另一个菜单,上面是西部片、科幻片、音乐片、喜剧片、侦探片和外国片等电影种类目录。

由此义进一步引申,又泛指各种开列名称的单子,如名单、节目单、目录单等,例如:轿车已经被不少中国的消费者列入21世纪消费的菜单。

与"菜单"同类的电脑新词还有"窗口、平台、版本"等,基本也都可以独立使用来表示新义。

不仅在词汇层面有他源性的变化,在语素层面也有这种情况。比如英语的"soft(软)"有一个义项是"(指饮料)不含酒精的",构成的词如"soft drink",汉语仿译为"软饮料";此外,"soft"还有"(水)不含某种矿物质的"义项,"soft water"汉译为"软水"。这样,由现代汉语的共时平面看,汉语"软"的表意范围也扩大了。但是,表示新义的语素"软"与表示原义的"软"相差太远,几乎没有任何意义上的联系,所以有人认为应当看作同音语素,即音同、形同、义不同的两个语素。在语素义的他源性变化中,"一族"与"一屋"的变化比较特别。这是来自当代日语的两个"借形"语素,前者指具有某一方面共同特征的一类人或事物,后者则义指店铺,二者构词能力极强,组成了诸如"工薪族、新潮一族、精品屋、修脚屋"等大量新词语。由于它们在字形上与汉语原有的"族"和"屋"重合,所以表面上看似汉语旧形增加新义。

3.使用范围发生变化

这方面，最为普遍的情形是很多词语扩大了使用范围，而其中最多见的是因为词义泛化而造成的使用范围扩大。词义泛化可以表述为词义的内涵减少、外延扩大，由此就可以与更多的词语搭配，并可以在更多的语境中使用，所以使用范围因而扩大，使用频率也相应提高。

经常获得泛化义的是各行业、各学科门类的专门词语，主要集中在以下几方面。

一是科学技术词语。现代科学技术与人们生活和工作的关系越来越密切，随着人们科学文化水平的不断提高和科学技术的日益普及，人们越来越趋向于运用和接受科技词语来表达一般的概念和意义，从而使得意义泛化的科技词语越来越多。例如"宏观"，本义为不涉及分子、原子、电子等内部结构或机制的，泛化义为战略、原则和大方向的；"老化"原指橡胶、塑料等在光、热、空气、机械力等的作用下变得软或脆硬，泛化义指年龄变老，知识、观念变得老旧等。

二是医疗卫生词语。随着社会发展，人们的医疗卫生及保健水平和意识不断提高，相关事物受人关注的程度也越来越高，人们比以往任何时候都更加注意和重视疾病的治疗、预防和身体的保养，这些都在一定程度上成了医疗卫生词语泛化的基础或一方面的重要原因。这方面的例子如"会诊"，原指几个或一组医生共同诊治疑难病症，泛化义为各方面的人员共同研究、解决某些问题。再如"输血"，本指把健康人的血液通过一定的器械输送到病人体内，泛化义为外界对某一客体实施物质方面的帮助。

三是商业经济词语。改革开放以来，中国社会开始由计划经济向市场经济转轨，很多人把当今的社会称为商业社会。商业和经济已经成为当今社会生活的重要内容，自然也就是从上到下一致关注的一个热点，这样，相关词语的泛化就是再自然、再正常不过的了。例如"贬值"，本指货币的购买力下降，泛化义为价值、身价等降低；"推销"本指推广货物的销路，泛化义不限于货物，而是可以用于思想观点甚至用于人等。

四是文体娱乐词语。在现代社会，人们有更多的精力和时间投入文体活动，特别是一些世界性的体育项目，经常会成为某一时间内人们关注的焦点，或者是成为人们持久不衰的话题。如果明白了这一点，对文体词语的泛化就会觉得非常自然了。例如，"黄金时间"本指广播电视的最佳播出时间，即收听、收视率最高的时间段，泛化义指极其珍贵的时间；"三级跳"本指一种体育项目，泛化义为某些集体或个人经过三次幅度比较大的发展或进步。

除上述四方面外，还有一些其他类的词语也有泛化用例，如摄影用语"反差、曝光"，工业用语"机制、余热、磨合"等。

（二）新生词语发展

新生词语指的是那些"从无到有"的词语，既包括使用汉语已有语素或词构成的新词或新的固定语,也包括一些从其他语言和方言以及港澳台地区新引进的词语,是一般所说"新词语"的最主要部分。其主要特点如下。

1. 词群多

这里所说的词群是指含有相同组成成分的一组词语,也有人称之为"词族",而含有某一共同成分的词群则称为"×族词"。词群多的含义大致有二:一是指词群的数量多,二是指每一个词群中所包含的词语数量多。

词群多这一现象,有人形象地表述为"批量造词"或"造词批量化",它的客观基础是有一大批可以重复使用的新词语构成成分,如果从音节的角度分,则主要有双音节和单音节两类。

双音节的如"绿色、工程、意识、文化、商品、食品、服装、中心、花园、广场、电子、环保、克隆、皇后、女王、王子、公主、先生、小姐",多是反映当代人观念意识以及社会生活中广受关注的人或事物的词,其中有一些义有所转,比如"绿色"主要是指环保、无污染的等。这些双音节词通常与另外一个双音节词结合,构成一个四字格的新词语,如"绿色食品、希望工程、电子商务、环保服装、商务中心、打工皇帝、跳水皇后、钢琴王子"。

单音节的词群构成成分不仅数量更多,而且来源更广,比如按来源分,有固有的,如"洋、度、城、王、霸、友、嫂、哥、姐、女、人、民、盲、迷、主、星、户、商、家、婆";有来自方言的,如"爷、侃、仔、妹、佬";有来自外语的,如"族、屋、吧、秀、酷、派、啤、奥、的、巴"等;此外还有简缩的,外来的简缩语素已见前文,汉语因有词的简缩如"热(热潮)、制(制度)、网(互联网)、风(风格、风气)、股(股票)、龄(年龄)、个(个人)"等。上述单音节语素多与单音节语素组合,构成一个双音节新词,如"听友、月嫂、网吧、大巴、车迷、股民、的哥、个展",也有不少与双音节词语组合,构成一个三音节的新词语,如"文凭热、打工仔、美誉度、爱乐女、美食城、啤酒吧、太空人、钉子户、绩优股"。

从生成机制来说,词群的产生是在类推基础上仿造的结果。所谓仿造,就是以已有词语为基础,保留它的结构关系和一个组成部分,替换其中的另一部分。保留的部分通常是原词语的表意核心,而用来替换的部分词性一般与被替换部分相同,意思上则往往有相反、相关或类同等关系。比如,由"热销"类推,仿造出了一个"冷销",这属于反义替换;由"战友、难友"等仿造了"病友、棋友、酒友、钓友、球友"等,则属于类义替换。具有上述"保留—替换"关系的词语就属于同一个词群。

有人把作为仿造基础的"结构关系+保留词语"称为"结构槽",也可以理解为创造新词语的一个"模型"。一般来说,这些结构槽或模型都是开放性的,所以这里所说的词群一定程度上也可以表述为可重复使用的结构槽或模型的数量多、能产性强。

2. 简缩词语多

新生词语中，对原有某一组合形式简缩而来的词语占了相当的比例。简缩词语众多，一方面是人们追求语言、表达效率的结果；另一方面更与简缩造词"提速"以及可简缩的形式多于以往有直接的关系。

比如前一方面，有人以股市用语为例谈过这个问题："许多缩略的说法都来自人们的生活，如股票市场中股票名称从全名产生缩略名称，速度非常快。一般的全称只要一上市就会产生缩略，现在的股市中反而说全称的少了，渐渐地许多人已经说不出全称而只会说缩略部分，如'外高桥——外高、陆家嘴——陆家、清华同方——同方、青岛海尔——海尔、宝山钢铁——宝钢、邯郸钢铁——邯钢、浦东发展银行——浦发、民生银行——民生'。"

除了上述传统的形式外，还有两种以前不太多见的可简缩形式。

一是原有未简缩形式的进一步简缩，比如"国防部长——防长、工商银行——工行、通货膨胀——通胀"，其中最典型的是由原有三音节词到双音节词的简缩，例如沙尘暴——沙暴、展览会——展会、战斗机——战机"等。

二是动词性并列短语的简缩，以前虽然也有"排水灌水——排灌、大鸣大放——鸣放"之类，但是较少，而现在类似的例子却比较多，从而形成了不同于以往的一个特点，例如"关心爱护——关爱、探讨分析——探析、研究开发——研发、征收管理——征管、监督管理——监管、清理退还——清退、推荐介绍——推介、制作贩卖——制贩、兼并收购——并购"等。

有些词语还经过多次简缩，并且不同的简缩形式可能都在使用，这也增加了简缩词语的数量，如"国际互联网——互联网——网、奥林匹克运动会——奥运会——奥运——奥"。此外，简缩形式的语素化现象也比较多见，它们往往与另外的简缩性语素或词组合使用，由此就造成了更多的简缩词语。比如，"非法出版物"简缩为"非"，而由"非"构成的简缩词语有"打非、扫非"等；"导师、导演"都可以简缩为"导"，而由"导"则构成了"博导、硕导、名导、副导、大导、助导"等新词语。

3. 外来词增多

一般来说，外来词是指在词义源自外族语中某一个词语的前提下，语音形式上全部或部分地借自相对应的该外族语词，并在不同程度上汉语化的汉语词。但是从严格的意义上说，真正的汉语外来词还具备在汉语中已使用了较长时期的这一条件，外来词是语言接触的一种结果。而语言接触又以文化交流和文化接触为前提。因此外来词也是"异文化的使者"。其主要特点如下。

(1) 音译词是外来词中的典型成员，处于外来词的中心位置

音译外来词由于具有浓郁的外来词汇色彩，所以就具有了一些特殊的功用——体现异域情调，迎合时代潮流，从而在商业销售领域成为招揽顾客的有效方式。现在我们随意到城市的街头走走，你会发现随处可见巨幅广告、商店的烫金招牌，还有商品的名称、商标用语，铺天盖地的洋名词都是音译外来词。这是一种语言病态，随着国内经济的持续发展，人们消费心态的日趋成熟，这种盲目追捧的心理会逐渐成为历史。

(2) 相对于纯音译外来词而言，音译兼意译词则层次较高、技术含量也高，是值得我们大力倡导、推广的一种外来词创造方法。

这种词必须兼顾两头：既要传递出外语原词的韵味，又要体现汉语直译的特点，是一种集音译、意译于一身的外来词。这中间蕴含着对译者的智慧和灵气。如"休克、绷带、芒果、席梦思、可口可乐"等。这种外来词没有音译词和字母词能产性强，但音译兼意译词以其"形神兼备"的特点引得人们的青睐，流传时间也更加久远。它自然成为所有引入外族语言词汇路径中的最佳选择，因而往往也是处于过渡状态的音译词的最后归宿，成为外来词定型运动的终端。

(3) "借形词"实际上是一种标准的借词

发生在印欧系诸语言之间的借词，实际上就是一种借形词，如英语借自法语的 accident（事故）、message（对不起）、patient（耐心的）等便是一种典型的借形词。当然，这只能发生在使用相同类型文字的语言之间。

借形词指汉语中借用原词的书写形式的词，包括形译式与字母式两种类型，而形译式是专指汉语吸收日语词汇的这种特殊方法。汉语同日语使用的并不是相同类型的文字，但由于日语中的许多单词都用汉字书写，所以就使得汉语同日语之间也能够产生借形词。

三、词汇的发展趋势

经济、政治体制的变革及科技的日新月异大大推动了社会的发展，而社会的迅猛发展也带动了文化的发展，我们的现代汉语就在这样一种环境下呈现出了多种发展趋势。如新词大量出现；方言词越来越多地融入普通话中；网络用语大量出现；外来词不断增多；现代汉语在走出去，为越来越多的外国人所学习等。

（一）新词大量出现

大家都知道每当有新的东西出现，就会有新的名字被赋予，而在这种新的东西出现之前是没有这样的词的。20 世纪 80 年代以来的中国是改革开放的中国。随着改革开放事业

的全面深入推进，中国社会在政治、经济、文教、科技等领域发生了翻天覆地的变化，新事物和新情况纷至沓来，层出不穷。为描述不断出现的新生事物，满足交流的需要，大量独具特色的新词应运而生。对于新词的数量，各类统计不尽相同，最多的估计是1.1万个左右，也有的说比较固定的新词是7000个左右。据中国国家语言文字工作委员会统计，20世纪80年代平均每年新增新词600个左右，20世纪90年代每年至少也增添所词300个至400个。这些新词从不同角度生动形象地描述了改革开放以来中国社会各领域的发展变化。下面列举一些简单的例子：在政治用词上新出现了"依法治国""政治民主"等；经济上出现了"市场经济""外向型经济""期货""贸易壁垒""经济全球化""融资""再就业"等；日常生活中出现了"超市""商场""绿色食品""放心肉""手机""移动电话""电视""电脑"等。当然，其他还有很多类，这里暂举这些例子。

（二）方言词越来越多地融入普通话中

改革开放以来，中国各地区间的联系更为密切，交流更为频繁。我们都知道交流就要涉及语言，听得懂听不懂就成了很重要的问题，经过长时间的磨合，来自各个地区的很多方言词已为大家所认可，成为现代汉语的词汇组成部分。如来自北方方言的"大腕儿""大款""得瑟""托儿"等，来自吴方言的"摆平""套牢""热门货"等，来自粤方言的"按揭""发烧友""埋单""抢手""策划""爆棚""跳槽""物业""双赢""帅哥""靓女""做秀"等。这些方言词越来越频繁地为我们所使用，为我们的日常交流做出了很大的贡献。

（三）网络用语大量出现

互联网的出现大大缩短了人与人之间的距离，同时也给我们提供了一个交流的平台，人们的交流更为便捷、更为频繁。随之也兴起了一种所谓的网络文化，这些网络用语不是经常使用互联网的人是很难看懂的。如"菜鸟（新手）""果酱（过奖）""木有（没有）""神马（什么）""浮云（不重要的东西）""么么黑（很黑）""干虾米（做什么）""给力（带劲）"等。关于网络文化争议很多，有的人认为这是低俗的、不入流的，给中国文化抹黑了；有的人认为很好，丰富了我们的生活，很多词很有新意，够时髦；也有的人认为无关紧要，这些听不懂的网络语只是少数，不怎么影响日常交流。当然，网络文化的流行是好是坏，有待商榷，我不能就此定论。

（四）现代汉语在快步走向世界

随着中国经济的飞速发展，综合国力和国际影响力不断增强，越来越多的国家开始注意中国，想和中国人做生意、做朋友。近些年，很多外国人热心于学习汉语，在世界范围内掀起了一股"汉语热",而且是一浪高过一浪。现代汉语正在向世界各地热爱它的人揭开它神秘的面纱,展示着自己的魅力,它正在走向世界!

我们的现代汉语呈现出了多种发展趋势,但大的趋势我们可以肯定,它在不断丰富、不断完善、不断地让更多人知道并喜爱上,这是值得我们欣慰的。但也不能忽视那些负面的发展趋势,毕竟量变到了一定程度会引起质变。

四、词汇教学的现状

(一)在课程设置时,缺乏对词汇教学内容的考虑

在一些学校,现代汉语教学中基本没有词汇教学内容,只是将其包含于句子的学习或将其包含于汉字的教学之中。这样一种课程设置,导致词汇的基础作用难以充分发挥;对于词汇的教学内容没有精心的设计,导致学生对于词汇的概念模糊不清,严重的可能带来学习中的困难。

(二)课程设计中有词汇教学内容,但只是辅助教学内容

有些学校虽然讲授词汇的东西,但是词汇教学的内容却是有限的,仅在语法教学或文章讲述中讲解部分词语的词性、用法,在特定环境下的意思等,这样的一种教学方式包含了部分词汇教学的内容,但是这种教学内容是片面的,对于学生全面掌握词汇的用法明显不足。

(三)有词汇教学内容,但课程内容和课程设计不科学

学校对于词汇的教学通过对词汇释义的学习,使学生只是掌握了词汇的基本含义和用法,课程体系的设计缺陷使其不能和现代汉语教学内容实现融会贯通。这样的一种教学方式未免太过突兀,也无法实现词汇教学的预期目标。

五、词汇教学的策略

(一)把握词汇教学的内容

词汇教学的内容就应该以词汇分析方法的介绍为主线,主要介绍以下内容。

1. 词汇分析的对象

词汇分析的对象主要是"词",但同时也包括构词单位"语素",以及长度大于一般的

词，但性质又相当于词的"固定语"，比如成语、惯用语、歇后语、谚语，以及"总的说来，绕不过弯来"等固定结构。新出现的如"打酱油、你懂的、羡慕嫉妒恨"等固定结构，这也是词汇分析讨论的对象。这些语言单位有共同的特点：都是语言的建筑材料，是语言中最小的可独立运用的单位。在教学中讲清楚这些概念，可以帮助学生从实际语言中切分出词，切分出词汇学分析的对象。

2. 词汇的划分方法

汉语词汇数量众多，但全部词语可以从不同角度进行分类。根据词在系统中的地位，可分成基本词汇和一般词汇。根据词出现时间的先后，可分为古语词汇和新造词汇。根据词运用的区域，可分为普通词汇和方言词汇。从词是否为借用，可分为本族语词汇和外来语词汇。从词在两种重要交际领域的运用上所做的划分，即口语词汇和书面语词汇等。从不同的角度对词汇进行的划分，反映了人们对各种词汇地位、作用的认识，各种词汇在应用上也各有特点和限制。

3. 词的构造分析

词的构造分析可以有不同层面。首先，可以分析构词成分的性质，构词成分可以区分为词根、词缀，也可以区分为实语素和虚语素，还可以区分为名词性语素、动词性语素、形容词性语素等。其次，可以分析构词成分之间的结构关系，这个层面的分析存在多种可能，既可以从语法角度划分，也可以从语义的角度划分。目前通行的分析方法是将合成词分析为"并列、偏正、述宾"等结构类型。这种分析方法有一定局限，汉语中有的词无法归入其中，如包含了虚词性语素的一些词"的话、被告、足以"等。但我们也看到，据我国学者周荐对《现代汉语词典》3万多个双音节词做的分析，无法归入传统结构类型的，只占3.4%，96%的合成词是可以用这种方法进行分析的，这说明通行的构词法分析虽然有各种缺陷，但仍有较强的解释能力。最后，可以分析构词成分组合后表示词义的方式，比如"银币、银耳"两个词，从结构层面分析这两个词的构造，都是偏正结构，但"银币"是银是币，"银耳"却非银非耳，这就是构词成分表示词义的方式不同。"银币"是两个构词成分的意义直接组合表示词义，"银耳"则是非构词成分的意义直接组合，是间接表示词义，是通过修辞手段来表示词义。

4. 词义的分析

词义的分解是个难点。粗略的词义分解，可以将词所代表的意义分成概念义和附属义两部分。概念义是词义的核心，如何对概念义的内容特征进行分析是词义分析的重点。词义的分析应以义项为单位。我们在讨论词的用法、词的意义时，只有以义项为单位才能讨论清楚一个词的具体用法和意义，比如"老头子"的感情色彩到底是褒义还是贬义？"保管"是不是口语词？要说清楚这些问题，必须以义项为单位来讨论。

5. 词汇系统的分析

词汇是一个庞杂的系统，它的规则性、系统性不如语法层面和语音层面。但我们还是可以从词的结构、词义关系、构词语素等角度讨论词汇系统。词与词之间也存在各种关联，可以从音、义、形的不同角度进行讨论，读音相同的是同音词，词义相反或相同的就是同义词或反义词，词义有上下位关系的就是上下位词。

总之，词汇教学是以分析方法的介绍贯穿整个教学过程，帮助学生掌握分析词汇、分析词义的方法。

（二）掌握词汇教学的方法

1. 情景法教学

在现代汉语词汇教学中，情景法教学是一种非常好的教学方式和手段。把词放进一定的语境或情景中教学，借此来分析词汇的构成与类型结构，不仅能帮助学生学习有关词汇的基本知识，还能进一步提高学生的阅读和表达能力，而且避免了孤立地照本宣科、以词说词的枯燥无味。情景法教学可以在词汇教学中经常使用，例如，在分析词的构成方式时，可以引用流行用语"带薪休假""奥运火炬手"等分析其中词的构成方式；当然也可以采用流行歌词，经典影视、戏剧、相声中的台词，畅销小说中的作品选段等。把词放在与时代密切相关的情景中进行教学，可以使学生从动态中把握词汇的运用，同时提高学生对事物的理解能力和鉴赏水平，激发学生词汇学习的兴趣。

2. 认知法教学

在现代汉语词汇教学中，教师不必要对词汇中所有的知识点进行面面俱到的讲解，这样既会延长课时，又使重点不突出，反而让学生对理论知识难以掌握。恰当地采用认知法教学可以补长取短。教师在教学过程中对词汇重点讲授的同时，可以给学生布置一些练习，让学生课后进行练习实践；对现代汉语词汇教学中一般性的知识点，如熟语的运用与收集、词语的运用、字典和词典的使用等完全可以交给学生来实践，教师充当指导者和规划者的角色。这样可以使学生由被动式接受变为主动式学习，加强了学生对词汇知识更深一层的理解，对学生自学能力的培养也大有助益。

3. 团体语言学习法教学

这种方法可以在现代汉语词汇教学中适当地使用，特别是一些易于混淆和难点问题可以采用这一教学方法。如汉语里的人名、地名是否都是单纯词？所有的名称是否都是词？对类似这样的问题在教学中采用团体语言教学法进行教学，让学生分组进行讨论，每组达成共识，派出代表就讨论的结果进行阐释；教师以顾问的角色参与交流，最终解决问题。就词汇教学中的一些观点和问题运用这种方法进行教学，可以最大限度发挥学生的主动性。学生在一种轻松、安全的氛围中学习，没有任何压力，在互相帮助和互相切磋的交流中，更好地促进师生之间、同学之间融洽和谐的关系，使学生取得最佳的学习效果。

在现代汉语词汇教学中，团体语言学习法只适用词汇教学中的个别部分。学生要对学习的章节有一定的理解，教师也要对此章节以及整个现代汉语知识有丰富的理论和实践基础，才能扮演好咨询者和顾问的角色，因势利导，随机应变。同时，在内容和时间上要有充分的准备，否则事倍功半，不利于科学化词汇教学。

第三章 现代汉语语义的应用

第一节 词义的感情色彩的应用

一、中性与褒贬的选择

词的意义并非完全对应于客观世界的事物。人们在认识世界时往往会加入自己的主观情感、主观评价，因此语言的意义也包括反映人们主观认识的那一部分意义。客观现实反映在人的大脑中就形成了认知世界，也叫心理现实，而语言反映的就是人脑中的心理现实。语言中的有些词专门表达人对世界的主观态度、情感，比如表示心理的词"爱、恨、羡慕"等，表示认知活动的词"打算、认识、认为"等。另有一些词在表达主要客观意义的同时还附带有某种主观评价方面的意义，或说修辞意义。主要的客观意义一般叫理性意义，附带的主观意义或修辞意义一般叫色彩意义。理性意义是词所表示的客观世界中的事物、现象及其关系的意义。因为理性意义是与概念相对应的部分，所以也称概念意义。比如，"狡猾"的理性意义是"（人）很聪明，面对问题能够想出很多解决办法"，而"愚蠢"的理性意义是"（人）不聪明，面对问题想不出很多解决办法"。理性意义既规定了主体反映客观存在形成的意义内涵，同时也划定了词所对应的客观存在的外延。比如"狡猾"的意义只体现了"狡猾"特定的内涵，涵盖该现象的外延，不能包括"愚蠢"等任何其他现象。一个人属于"狡猾"的人，就不会属于"愚蠢"的人。理性意义可单独存在，也就是说，有些词可以没有色彩意义。比如，"日食"的词汇意义是："月球运行到地球和太阳的中间时，太阳的光被月球挡住，不能射到地球上来，这种现象叫日食。太阳全部被月球挡住时叫日全食，部分被挡住时叫日偏食，中央部分被挡住时叫日环食。日食都发生在农历初一。"（《现代汉语词典》）这些词语常见于比较理性的科普文章中。

色彩意义是概括反映客观对象的次要属性而形成的，所以是附属意义。色彩意义自身不能独立存在，而是依存于词汇意义存在的。比如，"狡猾"的适用对象是敌人、对立方，具有"憎恶"的贬义感情色彩，但是这个"憎恶"的意义并不能单独存在，必须与"聪明"的意义结合在一起，形成"狡猾"的意义。对客观对象不同侧面的次要属性的概括性，形成了色彩意义的不同类聚。主要表现为感情色彩、形象色彩、语体风格色彩、时代色彩、地方色彩、网络色彩等。

感情色彩主要反映主体对客观对象的情感倾向、态度、评价等内容。感情色彩一般分为褒义、中性义、贬义等。褒义指说话人对事物的赞许褒扬，含有褒义的词叫褒义词；贬义指说话人对事物的憎恶厌烦，含有贬义的词叫贬义词。除此之外，还有不能体现特殊情感倾向的中性感情色彩，含有中性义的词叫中性词。例如：

褒义词：勉励、成果、坚定、机智、自豪、果断。

贬义词：怂恿、后果、顽固、狡诈、骄傲、武断。

中性词：鼓动、结果、坚固、聪明。

有些表示纯概念的词经常没有情感倾向，也就是中性词，如"牡丹、焦点、结合、山、水、跑、走"等。

有些外国朋友在学习汉语时常常搞不清词语的感情色彩，写出了很多令人啼笑皆非的句子。例如：

我记起小时候我很吝啬，所以我有很多钱，当时我哥哥没有钱，就借钱给他。

你吝啬还借钱给哥哥？其实他想说的词是"节约"。

又如：

母亲为了干家务活而不上学了，有许多事等着她来做，母亲才十二岁就是全家主要的劳动力。所以我很早就明白了，也正是少年时母亲的经历造就了母亲争强好胜的性格。

"争强好胜"带有贬义色彩，应该是"自强自立"。

这些事例说明，我们在日常谈话写作中使用词语时，一定要注意词语感情色彩是否恰当。经常见到的情况是，在描述同一事件时，由于参与者的立场不同，他们所用的词褒贬色彩也不同。比如，一位家长因孩子被欺负去学校跟校方交涉，后来家长说校方"训斥"他，校方说他们一直在与家长"沟通"。到底是贬义的"训斥"还是中性的"沟通"，真实情况恐怕很难说清楚。

二、感情色彩的改变

"谦虚使人进步，骄傲使人落后。"但现在我们常说"值得骄傲的光荣历史""值得骄傲的美德"，这时"骄傲"就是褒义的"自豪"意思了。

有的词本是中性词，但是在一定的语境中变成了褒义词。"水平"本是中性词，但在"有水平"中却变成了褒义词，因为"有水平"的意思并不是"具有一定的水平"，而是"具有很高的水平"。同样，作为中性词的"朋友"在"够朋友"中也变成了褒义词，因为"够朋友"的意思并不是"有资格做朋友"，而是"是很好的朋友"。

还有的中性词在一定的语境中变成了贬义词。"一次性"经常用在这些词组中：一次性纸杯、一次性餐具、一次性用品、一次性口罩、一次性手套、一次性筷子……显然这是个中性词。在前些年的武汉网球公开赛上,中国网球女选手表现不佳,单双打未能有人突破首轮。糟糕的表现被记者称为"一次性"登场。这种说法让两次网球大满贯冠军得主、网坛"大姐大"李娜十分不满。她说:"如果是'一次性'的话,这个词我觉得最好不要用了。我觉得使用这个词是对所有运动员的侮辱,我希望所有的网球运动员上场,大家都不要用这个词语来形容她们了。"显然李娜觉得这儿的"一次性"是个贬义词。

还有的词在外语的专业领域中是中性词,但翻译成汉语后在汉语日常语境中成了贬义词。"野蛮人"和"恶意收购"就是其中一例。如宝能系公司持续买入从事房地产业务的深圳万科公司股份,持股比例已达22.45%,成为万科第一大股东。如果宝能系持股比例达到30%,将会成为控股股东。一开始从宝能系公司买入万科股份,万科集团创始人、董事会主席王石就表示:不欢迎宝能系成第一大股东,因为其"信用不够",其行为是"恶意收购"。王石在微博上直接将宝能系持股称作"野蛮人强行入室"。从汉语的日常语境来理解,"野蛮"和"恶意"都带有不尊重人的贬义色彩。结果,在网络上宝能系公司老板姚振华成为一个负面的"野蛮人"形象。后来王石还为此道歉说:"如果姚先生觉得野蛮人的形象是我造成的话,我对姚先生表示歉意。"

实际上,在证券领域"恶意收购"是中性词。王石自己解释说,"我的'恶意收购'是一个中性词","这个恶意收购相对善意收购,善意收购就和管理层的团队、董事会协商好,双方你情我愿,你想进来我欢迎你进来",而"不经过商量,不在乎对方意见,而去强行控制就是恶意"。

金融领域所说的"野蛮人"也是中性词。这个称谓源于美国记者布赖恩·伯勒撰写的《门口的野蛮人》,此书详细记录了20世纪最著名的恶意收购。杠杆收购之王KKR只用了不到20亿美元,就撬动了250亿美元,控制了雷诺兹纳贝斯克烟草公司,并最终将其分拆。自此,"门口的野蛮人"被用来形容那些不怀好意的收购者。因此,在金融领域"野蛮人"专指这样的收购者和收购行为,并无贬义。首先,"野蛮人"被从英语翻译成了汉语。其次,"野蛮人"本来是金融证券领域的专业词汇,但是在汉语社会语境中部分人可能会按照普通词汇来理解。结果,经历了这两个转变的过程,"野蛮人"被普通网友理解为贬义词。

以上这些事例说明,褒义词、中性词、贬义词在一定的语境中是会变化的,因此我们在日常交际、写作中要注意所用词语感情色彩的变化,恰当地使用它们。

第二节 词语语体色彩的应用

古时候,有个秀才夜里被蝎子蜇了,疼得直喊:"贤妻,速燃银灯,尔夫为毒虫所袭!"可连叫几声,却不见有动静。原来他的"贤妻"听不懂他说什么,正在拼命琢磨呢。秀才疼得实在受不住了,便大声嚷道:"老婆,快点灯!我让蝎子蜇着了!"他老婆说:"你早这样说不就完了,疼死活该!"

这个故事当然是杜撰的,因为秀才和他妻子后来说的是现代汉语。故事想表达的是,秀才把平时写文章用到的文绉绉的词用到口语里,结果差点误了自己的性命。看来他不懂词语的语体色彩意义。

前面我们提到,词除了有理性意义外,还有色彩意义,并重点谈了感情色彩的运用。语体风格色彩是色彩意义的又一种重要类别,指词义中所反映的词的语体倾向、特征、烙印。通俗地说,就是"到什么山上唱什么歌",在什么场合用什么词,这样做都是为了语言信息的流畅传达,为了交际的顺利进行,因此每个词都有自己的使用场合。不仅如此,这个场合还决定了我们应该如何运用语音、语法、修辞等,最终形成了一个适合该场合的在语音、词汇、语法、修辞等方面有独特特征的语言表达体系,这就是语体。在某个交际场合,如果不使用适合该语体的语音、词汇、语法、修辞等,可能就会不得体,会影响交际效果。交际场合首先可以分为日常会话场合和书面书写场合,日常会话场合主要是"说"汉语,书面书写场合主要是"写"汉语,因此语体首先分为口语语体和书面语语体。口语语体的特点是追求通俗易懂;书面语语体的特点是注重庄重典雅。日常会话交际的目的是正确、快速地传递信息,用词造句朴实自然,没有过多的修饰,不追求华丽的言辞,短句多,常用词多。书面书写交际的场合特别多,大致可分为科技语体、政论语体、文艺语体、事务语体。新兴的语体有广告语体、法律语体、网络语体。科技文章多侧重说明和论证,语言一般要求精确、严谨、简洁。政论文章旨在宣传、鼓动、教育,语言一般生动、严密、繁复。文艺写作是运用语言塑造艺术形象的创造性活动,因此语言往往生动、形象、独特。事务语体是社会团体之间和个人之间处理各种社会事务时使用的一种语体,比如公文、法律文书、借据、介绍信、邀请函等。这些文书要求语言平实、简明,有固定格式和专用术语。市场经济的发展带来商业繁荣,于是广告成为语言生活中的常客。广告本质上是一种信息传播活动,时间短,信息传播性强,以受众能够快速、大面积接收到信息为最终目的,其语言凝练简短,多利用谐音、押韵、双关等手段创造新词新句。随着互联网的发展,即时通信工具 QQ、微信、微博、Facebook、Twitter 等先后兴起,通过互联网进行交际成为人们日常生活的重要部分。大量的网上交际场景催生出一些只在网上使用的词语和句子。比如,"亲"是淘宝店主对顾客的亲昵称呼,"酱紫"是聊天时"这样子"的说法,"斑竹"是指版主。网上聊天或交流早期都是通过打字来实现的,因此这些词语其实是让对方看的,并不需要念出声。有的词语完全是因为可视性被赋予了新的意义,比如"囧"字本来是个生僻字,现代汉语极少用,《现代汉语词典》没有收录,《康熙字典》收录有,本来的意思是"明亮、光明"。但是这个字的字形很像人尴尬时的面部表情,读音又跟"窘"同音,读起来很容易跟窘境、窘况联想在一起,网友们就把这个"死"字从历史中救活了,赋予它"尴尬""无奈""真受不了"等意思。基于可视特点,网上还出现了很多字母词、数字词,如"GF(女朋友)""9494(就是就是)"等。

上文的故事里,秀才所说的"速燃银灯,尔夫为毒虫所袭!"是典型的书面语,而且是文言文。秀才用词典雅，句子简练，然而不宜听懂，影响了信息的传达。据语言学家们研究，自东汉以后，人们的口语已经与书面语逐渐脱离，差别很大。这种情况下，把书面语用在口语交际中，不但难以理解，还会被人们称为"掉书袋"。类似的例子屡见不鲜。有一个小青年，被调做人口普查工作。他到一户人家调查时，问一位没有文化的老太太："您有配偶吗？"老太太说："什么？藕？水塘里多得很，你要不要？""配偶"是书面语中的词汇，小青年只会机械地照着调查表上的词语问询，不会换成相同意义的口语词，结果引起误解。

　　用于网络语体的词要是出现在现实生活中，也会带来交际失误。小王是超市导购员，标准的90后。有一次，一位60岁左右的大妈路过饮品区，她迎上去说："亲，今天的牛奶搞活动，过来看看吧！"大妈皱了皱眉头："亲？谁跟你亲啊？"说完就走了，剩下小王站在那儿一脸尴尬。她把网络中的"亲"，用在现实生活中，难怪60岁的大妈不懂。无独有偶，前些年央视春节联欢晚会上，刘欢的一曲《大爱》也是以典型的淘宝语境"亲"开头："亲，就在我的面前。亲，延伸我的视线。"但是这些网络热词却让一些习惯了中规中矩的表述方式的"老人"们大呼"吃不消"，跟不上形势。可就连这"吃不消"，也被网友们迅速"纠正"——请说"伤不起"。

　　汉语中的近义词是外国朋友学习汉语的难点。实际上，很多近义词的不同仅仅是语体色彩的不同，外国学生不懂这一点，造出了令人啼笑皆非的句子。一个泰国学生造句："新闻里说每年走了560人，因为他们喝酒开车。""走"是人死了的委婉说法，但是新闻中却没必要委婉，所以不该用"走"，应该用"死"。另一个学生恰恰相反，该委婉的时候没有委婉，造出的句子是："奶奶在八月份的时候死了，我很伤心。"

　　其他的如：

　　一、本人熟练地运用计算机，有了计算机六级证书。(应该用书面语色彩的"获得")

　　二、本人于2020年10月得了10级汉语水平证书。(应该用"获得"或"考取")

　　三、爸妈总是给孩子无尽的爱。(应该用"父母"，爸妈是口语的当面称呼语)

第三节　汉语多义词的应用

一、词的引申义的运用

　　《昨天今天明天》这个小品是中央电视台春节联欢晚会上演出的一个经典节目。包袱密集，笑点不断，说简单点，其实是精巧的语言段子带来的。那么这些语言段子精巧在哪儿？是怎么创作出来的呢？背后有何规律？

这得从"昨天、今天、明天"的词义讲起。"昨天、今天、明天"在现代汉语中有两种意义，分别是：（一）过去、现在、将来；（二）说话时的前一天、说话时的这一天、说话时的后一天。小品中崔永元想表达的是第一个意思，结果白云、黑土理解为第二个意思，产生了误解。从这儿看出，汉语的有些词具有多个意思，这样的词叫多义词。"昨天""今天""明天"都是多义词。这儿自然而然就出现一个问题：这多个意义是怎么来的？几个意义的出现有没有一个先后顺序？

实际上，一个词最初出现时只有一个意义，有的自始至终就只有这一个意义。有的后来发展出其他意义。比如，"走"这个词，最初的字形如图3-1所示，上面是"大"，像一个人甩开双臂，下面是"止"，"止"是脚趾的"趾"的本字，合起来的意思是跑。《释名》是东汉末年出现的一部讲解词义的书，里面说："徐行曰步，疾行曰趋，疾趋曰走。"所以"走"最初的意义就是跑。一个词的这种最初的意义就叫本义。

图3-1 "走"的古文字形

可是我们知道，"走"在今天，在现代汉语里最常用的意义是步行。这个步行意义就是后来从"跑"的意义发展出来的，最早的时间大约是汉代。无论是步行还是跑步，都是人体利用双脚交互向前移动，不同的是速度，所以前后两个意义之间还是有联系的。像这种由本义发展出来的意义，叫转义。根据发展方式的不同，又分为引申义和比喻义。

什么是引申义呢？拿"今天"来说，它最早的意义是表示"说话时的这一天"，大约出现在清朝末年。20世纪三四十年代后才发展出"现在、目前"的用法，古汉语中这个意义得用"现今、方今、今"。"说话时的这一天"和"现在、目前"有显著的联系，都表示时间段，后者包含前者。更重要的是，"说话时的这一天"意义比较具体，与昨天、明天有明显的边界，是"现在、目前"中的人们感觉最实在、最明显的一段时间。当人们想表达"现在、目前"的意思时就会用这个显著的、具体的部分来指代模糊的、抽象的现在，正如用"大鼻子"来指代长着大鼻子的人。这样"今天"就有了表示现在、目前的意义。"说话时的这一天"是"今天"的本义，"现在、目前"就是从本义的基础上发展出来的引申义，可见，语言交际过程中人们经常会由甲事物联想到相关的乙事物。两个事物常常处于同一个语义场景或语义框架中，是同一个语义场景的不同侧面。甲事物往往比较具体、显著、很容易被人感知到，乙事物则相对抽象、模糊，不容易被直接感知到。在具体使用某个词语时，就会由指称甲事物发展到指称相关的乙事物，因此本义与引申意义之间存在着相关性联系。

常见的相关性联系或者相关联想有很多种。第一种，由具体联想到抽象。第二种，由部分联想到整体。比如，"花"最初仅仅指花朵，后来扩展到指整盆花，除了花朵之外，还包括叶子、茎，甚至是花盆。第三种，由事物的特征联想到这种事物。比如，"乌纱帽"本来是指明代官员头上戴的一种帽子，后来用这个帽子来指代戴帽子的这个官员所具有的职位。第四种，由动作主体的状态联想到动作。比如，"脸红"是人们生气吵架时的面部状态，后来就用"脸红"指代吵架。第五种，由动作行为联想到动作行为的发出者、主体等。比如，"海归"本来的意思是从海外归来，是一种动作方式，但是后来发展出从海外归来的高级人才的意思。第六种，由事物联想到事物所具有的性质、状态、特征等。比如，"淑女"本来是指气质举止优雅的年轻女性，后来发展到指这类女子所具有的各种特征。这里只是列举出比较常见的相关联想，当然还有很多其他丰富的类型。

有一位外国留学生说，刚来中国听中国朋友说"买了一个苹果"，他以为买的是水果，结果被告知是手机。毫无疑问，这里的"苹果"指手机。那么"苹果"有没有表示手机的引申义呢？假如我想买一部手机，随便哪个品牌的，能不能说"服务员，我想去买部苹果"？显然这是不能的，"苹果"只能指苹果牌手机，并不能指所有的手机，"苹果"一词本身并没有手机的意思。像这样临时指代相关的事物，其实属于修辞里面的借代，并不是引申义。但是引申义和修辞上的借代有相似的地方，它们产生的机制都是相关联想，都是由甲事物联想到相关的乙事物。但是，借代只是一种临时活用，临时指代相关事物，而引申义是固定的指代，是词的固定意义。借代和引申义是有联系的，引申义形成的起点就是借代，如果某种临时的借代，被越来越多的人所使用，那么这种临时的指代，就会越来越固定，到了社会群体中的大多数人在使用时，就发展成为一种固定的引申义了。当读到这儿，应该就明白赵本山小品《昨天今天明天》的逗趣秘籍了——小品的创作者巧妙地利用了"昨天""今天""明天"是多义词的语言要素。崔永元提问时采用的是这三个词的引申义，而白云、黑土回答时采用的是它们的本义。

喜剧小品是借助语言来刻画人物的艺术，喜剧小品的语言，即台词，是喜剧表演的衣裳，它与行动是喜剧表演的两大支柱。喜剧小品的重要因素是喜剧情境，而喜剧情境的核心就是误会和巧合，制造戏剧误会和巧合最常用的语言手段之一，就是巧妙利用词语的多义，让一个词语在喜剧情境中产生歧义。

像这样的套路，在赵本山的小品中一再出现。小品《说事儿》中白云、黑土拿出一本书《月子》，扉页上写着"愿"崔永元"一觉不醒"。台词如下：

白云：（对黑土）拿礼物。（对小崔）过节了，给你带个纪念品，（黑土拿出饭盒递给白云）你这小辈儿的你说……（发现不对，对黑土）啥玩意儿这是，真是的你这人儿……（黑土收起饭盒，拿出书）相当有纪念意义。

小崔：哎哟，大妈这《月子》都出版了。

白云：看扉页。

小崔：哎。

白云：扉页。

小崔："谨以此书送给闹心的小崔，愿你看完此书……一觉不醒。白云大妈雅正。"

"一觉不醒"同样也是个多义词。表面是说，祝他睡好觉，祝愿他的抑郁症好起来，但观众会解读出这句话实际上也含有祝人死的意思，并为白云大妈的错误用词会心一笑。更重要的是，白云大妈用错词语符合她文化水平不高却总是高调展示自己的性格。

有些"脑筋急转弯"的题目也是利用词的本义和引申义创作出来的，比如：

两人在森林里行走，不小心掉进了猎人设的陷阱，结果一死一伤，死的那个人叫死人，受伤的那个人叫什么？

这里的第一个"叫"意思是"称为，是"，如果以这个意义来理解第二个"叫"，那你的脑筋没有急转弯，这样想下去答案肯定不正确。第二个"叫"必须理解为"呼喊"义才算转弯了，问题变成了"受伤的那个人呼喊什么？"，答案是"救命！"

二、词的比喻义的运用

知名情景喜剧《武林外传》里面的台词，也有很多利用多义词的情况，请看下面的两个片段：

（一）佟湘玉：不要说了，饺子，可爱的饺子，湘玉不能亲自吃你们，待会儿下了锅，你们一定要乖，一定要坚持，千万不要露馅啊，让他们看笑话。

白展堂：谁敢露馅啊，过来过来，把饺子给我放回去，放回去，谁敢露馅，大嘴，直接下油锅给我煎成韭菜盒子，把饺子带走！

佟湘玉：(拉住大嘴) 饺子……

——情景剧《武林外传·第20集》

（二）白展堂：来来来，一会儿放点醋。

佟湘玉：听着，这是小郭第一次包饺子，不管好吃不好吃，大家都来捧个场，千万不要打击她的积极性。

吕秀才：未必会很难吃的嘛！

白展堂：是吗？那好，我给你展示一下，这，就是小郭和的馅。

吕秀才：这不挺好的嘛！

白展堂：好吗？你来看啊，这个东西学名叫作猪皮，上面还连着几丝晶莹的毛发。

李大嘴：还有这个，学名叫作白菜根，上面还沾着几粒春泥。

佟湘玉：以及这几块醒目的土豆皮，以及带着壳的虾仁。

吕秀才：这还能吃吗？

佟湘玉：不能吃也要硬吃，否则这事就没有完了，大家千万不要露馅啊。

——情景剧《武林外传·第20集》

这两个片段里面先后出现了两个"露馅"，第一个"露馅"是指，饺子的馅儿从皮儿里露出来了，第二个"露馅"是指不好的情况暴露出来了。很容易看到，两个"露馅"的意义有相似之处，都是某种不好的情况从某处暴露出来。但是，第一个"露馅"，意义比较形象、具体，第二个"露馅"意义较为模糊、抽象。显然，第二个意义是在第一个意义的基础上发展出来的。说话人先知道第一个"露馅"的意义，后来遇到一个场景，他想表达某种情况、某件事被暴露出去、被泄露出去。这时候呢，他想到了比较具体的"露馅"与此相似，于是就用"露馅"来代替这种情况。这样，"露馅"又发展出了抽象的意义。

这个意义是不是引申义呢？不是。因为从例子可以看出，后一个意义是在前一个意义的基础上经由人们相似联想而产生的，两个意义有相似联系而不是相关联系。相似联想是人类最常见的思维形式之一。许多伟大的发明，就是依靠相似联想想出来的，比如古代中国的木匠鲁班根据叶子边缘有齿而发明锯，当代瑞士的工程师米斯特劳根据苍耳的黏附原理发明了维可牢魔术贴。逻辑学中的类比推理，也是一种相似联想，现代仿生学研究的基本思路也是相似联想。语言是人类思维的工具，语言要模拟、表达人脑中的客观世界，它的方方面面都离不开相似联想，词汇当然也不例外。因此，有些意义的发展演变基于相似联想，一点也不奇怪。演变的起点往往比较具体，叫本义，如上文的第一个"露馅"。在本义的基础上经由相似联想发展出来的意义叫作比喻义，如上文第二个"露馅"。本义一般比较具体、常见、明晰、易感知；比喻义一般比较抽象、罕见、模糊，不易感知。常见的相似联想还有很多，比如：

包袱：比喻某种负担。

皮毛：比喻表面的肤浅的东西。

漂白：比喻通过某些手段，把非法所得变成合法所得。

计算机又叫"电脑"，这里的"脑"就是源自人脑的比喻义。有意思的是，电脑成为人们熟悉的事物后，有人又用它来打比方指人脑。两人交谈时，一个人说："我的内存太小了，一下接受不了那么多。"这句话中"内存"显然是指人脑的记忆量。它是不是比喻义呢？内存是电脑的部件之一，全称是"内部存储器"，其作用是暂时存放CPU中的运算数据以及与硬盘等外部存储器交换的数据。在存放信息和数据这一点上，它和人脑相似，所以年轻人用"内存"来表示大脑。但是，并不是所有的场合都能这么用，比如，"慢性酒中毒会导致广泛性大脑损害"，不能换成"慢性酒中毒会导致广泛性内存损害"。这说明"内存"表示大脑只是临时用法，并非固定用法。这样的情况其实是一种修辞现象，属于比喻修辞格里的借喻。比喻义跟修辞上的比喻手法，既有联系，又有区别。二者都是基于相似联想而产生的。不同之处在于：比喻属于修辞上的临时打比方；而比喻义是词的固有意义，非临时活用。跟借代和引申义的关系一样，比喻手法和比喻义也是有联系的。比喻义形成的起点就是比喻手法，如果某种临时的比喻手法，被越来越多的人所使用，那么这种临时的比喻意义，就会越来越固定。到了社会群体中的大多数人都在使用时，就发展成为一种固定的比喻义了。

现代社会，网络无处不在。网络是对现实社会的虚拟，相似性是其基本性质，因此很多网络词汇的意义都是比喻义,由表示现实社会事物的本义发展而来。"病毒"的本义是引起疾病的病原体,一般比病菌小,用显微镜才能看得见。而电脑的"病毒"并非是生物学概念,它是指编制者在计算机程序中插入的破坏计算机功能或者数据的代码,能影响计算机使用、能自我复制的一组计算机指令或者程序代码,具有传播性、隐蔽性、感染性、潜伏性、可激发性、表现性或破坏性。它们能够快速蔓延,又常常难以根除。它们能把自身附着在各种类型的文件上,当文件被复制或从一个用户传送到另一个用户时,它们就随同文件一起蔓延开来。在自我繁殖、互相传染以及激活再生等方面,计算机病毒和生物病毒是极其相似的,所以人们才用生物学上的"病毒"来指计算机恶意程序。其他类似的网络或计算机词汇有"菜单""桌面""潜水员""数据打包""冲浪""窗口""文件""文件夹""安装""卸载""粘贴""访问""回收站"等。

从以上讨论可以看出,一个词如果有多个意义,那么这几个意义的出现是有先后顺序的,意义之间有引申或比喻的联系。有些常用词的本义"繁殖"能力比较强,既发展出了引申义,也发展出了比喻义。如"头",本义是人身最上部或动物最前部长着口、鼻、眼等器官的部分。但是我们经常说某个人留着平头、分头,这个"头"是指头发或头发样式,是引申义。头发是长在头上的,是头上比较显著的事物,所以"头"引申出"头发"的意思。我们也经常说,"单位的头儿""公司的头儿",这个"头"指单位的领导,是比喻义。人体的头,里面有大脑。大脑是人行动的指挥机关,单位的领导是一个单位的指挥者。两者有相似的地方,所以人们用"头"指单位的领导。

三、多义词的综合运用

多义词是自然语言的常见现象。它是双关、别解等修辞手法的构成基础,在一些广告、短信、小品、相声、情景剧、脑筋急转弯、歇后语创作中被广泛利用。

双关是利用音义等语言要素,有意使语句同时具有表面和内里两种意思,言在表面而意在内里。词语的多义性正是其利用的语言要素之一。比如有这样一则短信:

明天你醒来,枕边躺着一只蚊子,身边有一封遗书,上书:我奋斗了一晚,也没能刺破你的脸,你的脸皮真厚!

短信最后一句的字面意思是,你的脸表皮厚度大,这个"厚"与"薄"相对,跟"书很厚"的"厚"一个意思;但是"脸皮厚",还有"不知羞耻"的意思,所以整句话暗含你不知羞耻的意思。

再看一则鞋油广告:第一流产品,为足下争光。

显然,"足下"字面意义指"脚下",整句话的意思是,用了我们的鞋油,你脚下就明亮了,有光彩了;但是"足下",还是对朋友的敬称,所以还有"为您争光"的意思。公园里的宣传标牌,也经常用这个词,比如"小草青青,足下留情"。类似的例子还有理发店的广告"美丽人生,从头开始"。

有些歇后语也是利用多义词形成的。这种歇后语表面说某种意义，实际想表达的是另一种隐藏的意义。比如，下列例子中的"四分五裂"指抽象事物的分裂，"靠边站"指人被排挤，"两面光"指人左右逢源。

炸响了的炮仗——四分五裂。

马路上的电线杆——靠边站。

快刀切豆腐——两面光。

曲解是对某些词语的意思有意地进行歪曲的解释，以满足一定的交际需要的修辞手法。运用曲解可形成幽默诙谐的语言特色，用以增加轻松愉快的谈话气氛，或达到辛辣嘲讽的效果。有的曲解是利用词的多义构成的。《武林外传》的台词就经常运用这种手法。例如：

（一）吕秀才：哎哟，千辛万苦拿这些馒头。

众人：是偷的！

吕秀才：不是偷，是拿；偷者，不告而拿也！

白展堂：你告谁了，告谁了？

吕秀才（指着李大嘴）：告他了。

李大嘴：你还敢告我，你告我啥呀？

——情景剧《武林外传·第10集》

（二）李大嘴：没扇子你不会用嘴吹啊？没脑子！哎哎哎，先把衣服给我拧干了，再敢丢三落四的我炒了你！

莫小贝：吃人是犯法的！

——情景剧《武林外传·第18集》

例（一）中吕秀才说的"告"指的是告诉，李大嘴曲解成告状；例（二）中李大嘴说的"炒"指的是解雇，被莫小贝曲解成烹调方法，喜剧效果由此而生。

在计算机进行自动翻译时，多义词常常是难点。一个多义词，在具体的语境中究竟应该选择哪一种意义，对计算机来说是一个难题，因为这需要多方面的语境知识来判断。有时这种语境知识既包括科学知识，还包括人以前的经验。在这些方面计算机显得捉襟见肘、无能为力。比如：

你老这个样子可不行。（多义词"老"）

You do not like this old.（某网站的翻译）

这个"老"的意思是"总是""经常"，但是计算机并没有分析正确并翻译出来。

多义词也是外国人学汉语的常见难题。还是刚才那个"老"。一个中国女孩找了个外国老公。这外国老公有一次问她："婆婆是什么意思？"女孩没想太多就告诉他："For example, I call your mother '婆婆' in Chinese."过了好久，她老公又问她："为什么你的同事说我要叫你'老婆'？"女友这才明白他老公为啥困惑了，她管他妈叫婆婆，而女友竟然是"old 婆婆"，自然是搞糊涂了。

一个来中国学汉语的外国小伙子和几个中国朋友在饭店吃饭，其中一个中国人说："我去方便一下。"这个外国小伙子不解其意，便问："方便，什么意思？"有人回答："方便就是去卫生间。"有一天，一个女学生要去拜访他，给他打电话："我在您方便的时候去。"小伙子听了急忙说："您什么时候都可以来，就是我方便的时候不能来。"

第四节　汉语同音词的应用

一、汉语的同音词及其特点

汉语的同音词分为两类：一类是同形同音词，另一类是异形同音词。同形是说字形是一样的，异形是说字形不一样。前者如：

别（分辨）——别（插挂）——别（不要）——别（离别）

仪表（人的外表）——仪表（测量仪器）

黑车（黑色的车）——黑车（非法的车）

同形同音词在词典中会分几个词列出，在词头分别用上标的1、2、3等数字来表示，如两个"仪表"在《现代汉语词典》中表示如下：

后者如：

事——是——世

销售——消瘦

报复——抱负

形成——行程

同音还分狭义和广义。狭义的同音要求声母、韵母和声调完全一样，广义的同音只要求声母和韵母一致，声调则不强求。

多义词在各种语言中都很普遍，同音词则不是。相比之下，汉语的同音词比其他语言多得多，这是汉语一大特点。原因在哪儿？这要从汉语的语音谈起。汉语语音有22个声母，39个韵母，一个声母和一个韵母组成一个音节。声母乘以韵母可以得到858个音节。但是有的声母和韵母是不能拼读的，不能组成音节，这样实际上的音节只有410个左右。算上四个声调，也只有1600个左右。而汉语的词语有几万个，《现代汉语词典》收词7万个左右，书面上写的字常用的有6000多个。这么多的词和字，语音上只能用410多个音节来表达，音节少、字词多的矛盾不可避免地带来同音现象。拿汉字来说，平均15个汉字共用1个音节。所以，汉语的同音现象特别普遍。中国现代语言学之父赵元任先生曾经特意写了一篇全是同音词的小短文《施氏食狮史》，如下：

石室诗士施氏，嗜狮，誓食十狮。施氏时时适市视狮。十时，适十狮适市。是时，适施氏适市。氏视是十狮，恃矢势，使是十狮逝世。氏拾是十狮尸，适石室。石室湿，氏使侍拭石室。石室拭，氏始试食是十狮。食时，始识是十狮，实十石狮尸。试释是事。

二、汉语同音词的应用

正因为汉语同音现象普遍，所以汉语语言生活中发展出了很多基于同音的独特的修辞手段，如双关、谐音、曲解、别解、仿词等修辞格。这些修辞格的妙用是小品、相声创作中制造巧合和误会的常用手段，是汉语创造幽默的独门暗器。

小品的常用技巧之一是"用语言的谐音与歧义造成误会，酿成笑境"。谐音是利用多个汉字读音相同或相近的条件，用同音或音近字来代替本字，产生辞趣。例如《武林外传》台词：

盗圣：哎呀！妈呀！这……这……这使的啥招啊！这是？！

小郭：难道？难道……难道这就是传说中的一……刀……两段？

——《武林外传·第61集》

"一刀两段"跟人们熟知的"一刀两断"同音，意义也相近。但是前者是表示一刀砍下去，物体被切成两部分，意义比较具体，"一刀"和"两段"是临时搭配。后者是固定的四字成语，《现代汉语词典》解释为"比喻坚决断绝关系"，显然一般用于比较抽象的事物。但是电视剧中的小郭因为文化水平不高，以为"一刀两断"是"一刀两段"，就用在这儿了。这里其实在暗暗讥讽小郭文化水平低。

再如网上很火的苗阜和王声的相声《满腹经纶》，里面就大量利用了谐音。二人组合把王声定位为知识分子，把苗阜定位为文化水平不高的市井小民。其相声经常用到的套路就是苗阜认错字，而这些错字和对应的正确的汉字其实就是一对对的同音词。例如下面一段：

苗阜：哦，想起来了，想起来了，还有好多呢。

王声：还有？

苗阜：比如说，水壶传。水壶传我也爱看。

王声：水壶传您都看过呀！

苗阜：一百0八个大水壶嘛！

王声：哎哟，这得多大一个锅炉房啊！

苗阜：人都是英雄好汉，什么锅炉房！

王声：英雄好汉有叫水壶的吗？

苗阜：有那本书啊！

王声：《水浒》。

苗阜：《水浒》！

——苗阜、王声相声《满腹经纶》

很明显，这一段是利用"壶"和"浒"同音而创作的。水壶在生活中比较常见，"浒"

用得少，文化水平低的人不认识。

仿词中的音仿也离不开同音。音仿是根据一个人们熟知的词语临时创造出一个与它音同或音近但意义不同的新词。赵本山的小品常常用这一招，如下面这段就是仿照人们熟知的歌曲《一剪梅》新创了个同音词"一剪没"。

崔永元：我知道，其实大妈成了名人以后见世面挺多的，参加的活动很多吧？

白云：那是"相当"多。一天到晚，俺们就是到处演出，四处演讲，还给人剪彩。

崔永元：出场费也不少吧？

黑土：她八十，我四十。

白云：都税后。

崔永元：那都给哪儿剪彩呀？

白云：都是，大中型企业。

黑土：大煎饼铺子、铁匠炉啥的。

白云：啊……俺们那旮旯有个挺老大个养鸡场，那都是我剪的。

黑土：是！她剪完就禽流感了！当时死了一万多只鸡！最后送她个外号，叫"一剪没"。

——小品《说事儿》台词

前面我们提到过，利用词的多义可以构成曲解。曲解还有另外一个构成方式，就是利用同音词。这种曲解是说话人故意把甲词理解为同音的或者同音同形的但意义不同的乙词，比如室内情景剧《武林外传》的一个片段：

李大嘴：平谷一点红？我是他粉丝！

白展堂：你还腐竹呢，边儿去！

——《武林外传·第23集》

这个例子中，"粉丝"是"明星的影迷或者歌迷"的意思，但是白展堂把它理解为吃的那种食物，所以他才接着说跟粉丝同类的"腐竹"。粉丝具有"歌迷、影迷"的意思，是近些年的用法，一些老年人不知道，所以看不懂这个曲解的段子。又如赵本山小品《送水工》：

赵本山：哦，听说你在那研究爹呢？

范伟：不是，研究木乃伊。

赵本山：哦，研究姨呢？

范伟：不是姨，是古尸。

赵本山：古诗你上那儿研究啥啊，咱国家就有，唐诗三百首，床前明月光，玻璃好上霜，要不及时擦，整不好就得脏吗？连我都会。

范伟：不是古诗，是尸体的尸。

——小品《送水工》

"伊"被曲解为"姨"，"古尸"被曲解为"古诗"。

除了曲解外，还有别解。曲解是甲、乙两个意义事先都存在，说话人不过是把甲故意理解成乙。而别解则是说话人对一个词,根据字面意义和语境临时赋予一个新的意义,新旧意义并无关联,从词汇学角度看实际上就是一对同音词。比如,大家很熟悉,赵本山小品中"秋波"被临时解释成"秋天的菠菜",但它本来的意思是脉脉含情的眼神。

崔永元:大妈呀,当时大叔他是怎么追的你?

白云:他就是——主动和我接近,没事儿和我唠嗑,不是给我割草就是给我朗诵诗歌,还总找机会向我暗送秋波呢!

崔永元:暗送秋波呢!

黑土:别瞎说,我记着我给你送过笔,送过桌,还给你家送过一口大黑锅,我啥时给你送秋波了?秋波是啥玩意儿?

崔永元:秋波是青年男女……

白云:秋波是啥玩意儿你咋都不懂呢?这么没文化呢!

黑土:啥呀?

白云:秋波就是秋天的菠菜。

——小品《昨天今天明天》

相声中也经常运用别解,比如苗阜、王声的相声《国学大师》就一连给"知足常乐""杯水车薪""度日如年"做了重新解释:

苗阜:比如说我今年,我就希望我能知足常乐。

王声:这词不错。很达观。

苗阜:每天浴回足我就很快乐。

苗阜:同时我也要祝愿我自己杯水车薪。

王声:不不不,这可不是什么好词儿。

苗阜:怎么不是好词儿?

王声:"杯水车薪"怎么能是好词儿呢?

苗阜:怎么不是好词儿?每天泡杯水,到月底领一车薪水。

王声:白日做梦呢!你这是。

苗阜:最后我要祝福我度日如年!

王声:真对得起自己。

苗阜:怎么了?

王声:这词儿都往自己身上招呼?

苗阜:怎么不行了?

王声:"度日如年"怎么能放自己身上呢?

苗阜:就是说我每天过得跟过年一样那么快乐。

王声:傻小子,这是。

——苗阜、王声相声《国学大师》

多义词可以用来构成双关,同音词同样也可以。利用同音构成的双关叫语音双关,就是利用语音相似或相同,使词语或句子具有表面和内在两种语义。比如,一个蚊香的广告说:"××牌电蚊香,'默默无蚊'的奉献。""默默无蚊"字面上是说,不声不响地就把蚊子灭掉了。但是,众所周知,汉语有个同音的词"默默无闻",所以广告也在暗示,其产品具有不声不响做好事的品德。有一条手表广告是:"××手表,一戴添骄!"这条广告同样利用"一戴添骄"与"一代天骄"同音来暗示,戴上手表就具有帝王将相、英雄人物的豪迈慷慨之气。

众所周知,英语在书面书写时,词和词之间要空一个小格。但是汉语的汉字在书面书写时,字与字之间、词与词之间都没有空格,这导致书面汉语出现了更多的同音同形的词语,也就产生了更多的曲解。

一个中年男子刚刚装了一套"自动清除脏话"的软件。某天他收到了一封邮件,有一句话是这样的:孩子病无大碍,医生说是到了更年期。他觉得十分奇怪,就打电话询问。原来原信写的是:孩子他妈的病无大碍,医生说是到了更年期。

同音与网络新词的出现也有关系。请看这句话:"人生是一张茶几,上面摆满了杯具。"如果你感到一头雾水不知所云,以为是在说锅碗瓢盆的事,那只能用"杯具"和"餐具"来形容你的网络生活。这其实是网友们为了表达戏谑和委婉的态度,利用音同或音近为已有词语"悲剧""惨剧"创制出的新的等义词。这可称为"旧音新形",其他的例如:

洗具——喜剧

餐具——惨剧

神马——什么

茶具——差距

同音现象并不仅限于普通话内部,方言与普通话之间、外语与汉语之间都存在同音现象。

我国地广人多,方言各异,有大量的词汇在方言和普通话中同音异义,这些同音词为小品、相声运用语言误会来创作提供了有利条件。

同音词太多也有很多不利的方面。如,不利于外国朋友学习汉语。外国留学生最怕的是声、韵、调一致的狭义同音词,因为声调是他们学习的一大难点。对于单个的音节,他们一般还能念得准,但是正常语流中的声调就很难听准和念准了,因而经常把声、韵相同但声调不同的字和词搞混,闹出了很多笑话。

第五节 词义民族性与模糊性的应用

一、词义民族性与跨文化交际

汉语的"龙"我们最熟悉了。中国文化中,"龙"是传说中的一种吉祥动物。《现代汉语词典》对龙的解释是：（一）我国古代传说中的神异动物，身体长，有鳞，有角，有脚，能走，能飞，能游泳，能兴云降雨；（二）古时代用龙作为帝王的象征。在各种绘画、柱子上的雕像中，龙的形象是：头似蛇，角似鹿，眼似兔，耳似牛，项似蛇，腹似蜃，鳞似鲤，爪似鹰，掌似虎，有胡须。它从古至今就被认为有腾云驾雾、兴云降雨的超凡本领，有着多方面的美好的褒义象征意义。龙经常被视为尊贵、高贵的象征，如有攀龙附凤、鱼龙混杂、龙凤呈祥、乘龙快婿等说法；龙还象征强大力量，如降龙伏虎、龙潭虎穴、虎踞龙盘、龙争虎斗等说法；龙还象征才能优异的人，如望子成龙、藏龙卧虎、群龙无首等说法；龙还能指一个人精神昂扬、身体健壮，如生龙活虎、龙马精神、龙腾虎跃等说法。有时还能表示书法等方面的舒张气势意，如笔走龙蛇、龙飞凤舞、来龙去脉。古时候龙还是权威、力量的象征。正因为中国人很喜欢龙，中国人名、企业名、商标以及旅游景点名称中大量使用了"龙"字。在国家层面，龙还被视为中华民族和中国的象征，晚清的国旗是龙的图案，称为"龙旗"，海内外的炎黄子孙都自称是"龙的传人"。中国人在喜庆节日喜欢举行舞龙、挂龙灯、赛龙舟等活动。

  西方文化中，"dragon"也是一种传说中的动物。《牛津英汉高阶双解词典》对"dragon"的释义是："传说中一种很大的凶恶动物，有翅膀和长尾巴，能吐火。"美国《韦氏词典》说"dragon"是"虚构的动物，形象通常是巨大的毒蛇或蜥蜴，有翅膀、鳞甲、头冠和巨大爪子"，可比喻为"粗暴的、好斗的或非常严厉的人"，或"可怕的或有害的事物或人"。综合各种词典的解释，英语文化中的"dragon"大概有以下特征：它是一种传说中或想象中的动物，类似蜥蜴，体形庞大，性情凶猛，长着像蝙蝠那样的双翅，一条长尾，爪像鹰爪，通常会飞，口中喷火，坐着的时候好像袋鼠，尾巴拖在地上。在西方的传说中，"dragon"常常与邪恶联系在一起。在英语中，"dragon"所引起的比喻意义与"龙"在汉语中的比喻意义完全不同。"When she's angry, she is a dragon"这句话字面意思是说"她生气的时候像条龙"，实际上是指她是个脾气暴躁的老妇女，很凶，中文翻译为"母夜叉"才合适。

  因此两种文化中的"龙"的意义大不相同，主要有：（一）龙是吉祥的象征，而"dragon"是邪恶的象征；（二）龙没有翅膀，而"dragon"有着巨大的像蝙蝠那样翅膀；（三）龙的身体修长，而"dragon"的身体粗壮；（四）龙为金黄色或其他颜色，"dragon"主要是黑色的；（五）龙不食人间烟火，但是"dragon"要吃人和动物。

  有人把中国的龙和"外国的龙"（即"dragon"）的区别归纳为：中国的龙是吉祥如意、大富大贵的象征；外国的龙是瘟疫受灾的代表。中国的龙以遇到为荣；外国的龙以遇到为祸。中国的龙常穿梭于云海，吞云吐雾下甘露；外国的龙常藏匿于深山，守财守宝吃人畜。

  两种文化中"龙"的意义不同反映出不同民族用语言指称客观世界时，由于民族思维、地理环境、语言系统等方面的差异，出现了词义的差异。换句话说，特定语言中的词义具有民族和文化上的独特性。

  "dragon"和"龙"都是传说中的动物，东西方的形象和象征不同似乎也正常，然而很多东西方都有的真实动物在联想意义、情感色调上仍然存在差异。

　　汉语和英语都有"狗"这个词，意义也基本相同，都是指家养的、有四条腿、可帮人看家护院的、真实存在的一种动物。但两种语言中"狗"的情感意义却差异很大。汉语中，"狗"多是作为一种负面的、贬损的形象出现的，含有强烈的贬义。"狗"经常被比喻为攀附权贵的凶恶小人，如"狗仗人势""走狗""丧家犬""狗腿子"，"一条狗"甚至可直接指权贵的下属。"狗"也可比喻为卑劣、下贱的坏人坏事，如"狗嘴吐不出象牙"里把卑劣的狗与美好的象来对比，"狗咬吕洞宾不识好人心"把狗比喻成坏人来跟好人形象"吕洞宾"进行对比，其他如"狗汉奸""狐朋狗友""狼心狗肺""狗头军师""狗血喷头""狗急跳墙""狗拿耗子多管闲事""狗眼看人低""狗改不了吃屎"等。此外，没有立场、毫无骨气的人被称为"哈巴狗"，坏人行事无所顾忌被称为"狗胆包天"。

　　但在英美文化中，狗是人们最喜爱的动物，很多人视为家庭成员之一，为狗买专用的食物、衣物和玩具。社会上还设有大量专门为狗提供服务的机构和场所，如宠物商店、宠物餐馆、宠物诊所、宠物美容院、宠物寄存柜等。所以在英语中，"狗"经常是褒义词。英语中的"dog（狗）"也经常指人，但不是指卑劣之人，而是指好人，如：

　　You lucky dog.（你这个家伙真幸运）

　　a jolly dog（快乐的人）

　　a top dog（身居高位的人）

　　a dumb dog（沉默不语的人）

　　a clever dog（聪明的孩子）

　　Help a lame dog over a stile.（解危济困）

　　谚语习语往往是一种语言历史文化的沉淀，反映了社会早期的文化观念。英语谚语有"Love me, love my dog"的说法，汉语意思是"爱屋及乌"；又如"Every dog has his day"意义为"凡人皆有得意日"。这两处的"狗"并无贬义。但是汉语的"爱屋及乌"在古代是有贬义的，古人认为乌鸦是不祥之鸟，它落到谁家的屋上，谁家就要遭遇不幸。因此"爱屋及乌"形容爱某种事物爱得过了，当然这种意义在现代汉语中是没有的，今天它已经是个中性词了。

　　"牛"与"马"在英、汉两种语言中的文化意义也不一样。在中国文化中，牛是体格强壮、终日劳碌、埋头苦干、无私奉献的典范。汉语中有不少赞美牛的词，如力大如牛、牛气冲天、气壮如牛、俯首甘为孺子牛、九牛二虎之力等。"牛"还可以形容一个人顽固、执拗，一个小孩倔强就说"他犟得像头牛"。"老牛舐犊"中的牛被比喻为尽职尽责的父母。"初生牛犊不怕虎"中的小牛朝气蓬勃，天不怕地不怕。牛身体的各个部位也都有象征意义，如"执牛耳""钻牛角尖"。"九牛一毛""多如牛毛"，形容数量大。牛的体型大，跟牛相关的事物也都是带有宏大高超的意思，"杀鸡焉用牛刀"中的"牛刀"指技艺才能高超的人，所以还有"牛刀小试"的说法。如今，这样的人直接叫"牛人"，称赞他们时直接竖起大拇指说："牛！真牛！"书堆到了房顶，搬书时累得力气大的牛出汗，可见藏书很多，这叫"汗牛充栋"。

而西方人对牛的看法则是性情暴躁、桀骜不驯、横冲直撞、雄健好斗。如：

You stupid cow!（你这个蠢婆娘！）

Don't have a cow.（别发火，指脾气坏、暴跳如雷）

Curst cows have curt horns.（恶牛角短，指有心伤害人的人常常能力有限）

As good luck as had the cow that stuck herself with her own horn.（倒霉极了）

中国古代社会是农耕社会，牛是代替人力耕作的主要动物，语言中关于牛的联想意义特别丰富。而在古代欧洲，马是主要的畜牧动物，语言中关于马的联想意义丰富。因而在许多词语中，中文的"牛"与英文的"马"的形象正好相吻合。如形容一个人说大话，汉语说"吹牛"，英语则说"talk horse"。中国人常把勤劳吃苦的人比作"老黄牛"，如"他真是个老黄牛"，英语则用"He is really a willing horse"。汉语说"牛饮"，英语则用"drink like a horse"。汉语说"老牛不喝水，不能强按头"，英语则用"You may take a horse to the water, but you can't make him drink"。汉语说"力大如牛"，英语说"as strong as a horse"。

当然，牛、马的生物属性在哪儿都是一样的，东西方也有一致的地方。汉语有"牛脾气"，英语则有"bullish"。

有意思的是，英语中的"狮子"和汉语中的"虎"的联想意义也经常一致。在西方童话故事中，狮子被尊为勇敢、威严的百兽之王。美国迪士尼影片公司制作的动画电影《狮子王》讲述的就是小狮子辛巴成为威严的森林之王的故事。从"regal as a lion"（狮子般庄严）、"majestic as a lion"（狮子般雄伟）等比喻中可以看出，狮子享有很高的声誉。一些勇敢的人物也被比喻为狮子。英国国王理查一世由于智勇过人被称为"The Lion-Hearted"。"lion"还可以喻指"名人，名流之士"，如"a literary lion"意思就是文学界的名人，"Great Lion"指有名气的人，"make a lion of sb"是指"某人红极一时"。英国人以狮子作为自己国家的象征，"The British lion"即指英国。

中国文化里相当于狮子地位的动物则是老虎，中国人的心目中老虎才是百兽之王，它勇敢无畏、凶猛、威严、力量巨大、有权势、有活力。中国的十二生肖中就有虎。"山上无老虎，猴子称大王"和"一山不藏二虎"鲜明地道出了老虎在森林中的主宰地位。老虎象征着活力、强大和勇猛，如"虎虎生威""生龙活虎""狐假虎威""虎视眈眈""放虎归山""如虎添翼""藏龙卧虎""九牛二虎之力""虎背熊腰"等。由于老虎的威严与力量，老虎形象具有凛然不可侵犯的王者气度，小人物们不得不对它产生恐惧心理，许多包含着"虎"的熟语都表达了这方面的意思，如"谈虎色变""老虎的屁股摸不得""明知山有虎，偏向虎山行"。由于虎的形象威风凛凛，因此自古以来就被用于象征军人的勇敢和坚强，如虎将、虎臣、虎士等。严厉的父母被称为"虎爸""虎妈"，而不叫"狮爸""狮妈"。

汉语中的"虎头蛇尾"，英语则用"in like a lion, out like a lame"（来若雄狮，去若羔羊）；汉语中的"虎口拔牙"，英语则用"beard the lion"（拔狮子的胡须）；英语的"a lion in the way"(拦路狮），汉语则用"拦路虎"；英语中的"the lion's den"(狮子的穴），汉语则用"龙潭虎穴"；汉语中的"狐假虎威"，英语中则用"the ass in the lion's skin"(披着狮皮的驴）。汉语的"母老虎"得翻译成"a lioness"。英语的"throw someone to the lions"得翻译成"把某人送入虎口"。"lion's mouth"也有比喻意义，对应于汉语的"虎口"。

其他动物的象征意义也有不同。在汉语中有"胆小如鼠""蠢笨如牛"，而在英语中胆小的是兔子，如"as timid as a rabbit"(胆小如兔），笨的是鹅，如"as stupid as a goose"(笨得像鹅）。

为什么不同的语言中动物有不同的联想意义呢？这有两方面的原因：一是人类的认知心理机制，二是客观环境的限制。一个词的意义来自人们头脑中形成的对某种事物的概念。而人们总是先认识那些具体的、熟悉的事物，获得对这些熟悉事物的相关经验，然后通过相关联想和相似联想，用熟悉的经验来理解更加复杂、抽象的事物，并在此基础上形成新概念。相反，对于陌生或昙花一现的事物人们获得的经验不多，那么在理解更抽象的事物时一般不会以它们为基础。而一个社会、一个地区的人们对于哪些事物比较熟悉，是受限于他们所处的地理环境、社会经济状况的。就动物而言，对一些与人类关系密切的动物，人们赋予多方面、多角度的文化内涵；而对某一地区的稀有动物，人们就不容易产生联想意义。动物的种类跟一个地区的地理环境和气候条件有关。

词义民族性反映了文化独特性，在跨文化交际和翻译实践中，我们特别要注意对方语言中词语的文化含义，深刻理解对方文化的精髓，在此基础上我们才能尊重对方，减少文化冲突。

二、词义模糊性的应用

模糊性是与明确性相对而言的。客观世界中，有些事物与邻近事物的界限很明显，相应地反映这些事物的词的意义也就比较明确。比如"人、男性、死亡"等词。一般来说，某个生物是人还是其他动物，人们一眼便知；判断一个人是男人还是女人，也很容易从嗓音、头发、形体、穿着等方面分辨出来；死亡与否则可以从气息的有无来判断。当然这种明确性也是相对的，深究起来它们与邻近事物的界限也不是绝对清晰的。有些词语的所指对象是唯一的，那么这些词语的意义就是明确的。

从词义的模糊性与明确性角度来看，"就近"当然不等于"最近"，前者的词义是模糊的，而后者的词义是明确的。"就近入学"的意思是安排学生去离家尽量近的学校上学，"最近入学"的意思是安排学生去离家直线距离最近的学校上学。"就近"有一定范围可供选择，而"最近"却只有一个结果。教育部门使用"就近入学"这种表述是由现实世界的具体情况和具体实践决定的。从教育部门的角度来看，划分学校施教区时不可能做到让每个学生入读距离其家最近的学校。因为学校布局和学区住宅小区有疏有密，完全按照以学校为圆心，以一定距离为半径画圆的模式来划分学区，这在现实中是做不到的。另外，"就近"并非对某一个学生而言，而是对学区所有学生而言，大多数学生做到了就近入学，就可以说教育部门是尽职的。但是此案也警示我们相关部门，在做出相关规范时，要更加细致，比如什么是"就近入学"，必须要有详细解释，一些原则性要求容易引发不同理解和争议。没有详细的解释，"就近"也可能被教育部门滥用，比如说，故意安排某个学生就读较远的学校，事后却以符合"就近入学"原则来搪塞。

词义模糊并不是语言中的"坏家伙"，而是自然语言中正常的现象。人们可以自如地使用各种模糊词语，并不担心带来交际困难。一方面，有些交际场合必须使用模糊词语；另一方面，在有些交际场合需要表达明确的意义时，人们有很多语言手段把模糊词语变得精确。

在公文写作、新闻报告、广告宣传、外交事务中，人们经常会恰当利用词义的模糊性。公文是在行政机关、企业、学校的管理活动或处理公务活动中产生的，按照规范的格式写作的具有传递信息和记录事务作用的应用文。公文写作要求用词准确、句式简洁、风格庄重，所以有"一字入公文，九牛拔不出"之说。但是在公文写作实践中却经常用到模糊词语。有时是为了提高表述的概括性和简洁性。试比较：

（一）5月份，该公司成立了一个老中青相结合的新项目研发小组。

（二）5月8日9时30分，该公司成立了一个50岁到60岁的老年工程师，40岁到50岁的中年工程师，18岁到40岁的青年工程师相结合的新项目研发小组。

例（一）中"老中青"的语义虽然很模糊，但是概括准确、表达精练，传达出读者所需要的信息。相比之下，例（二）精确倒是精确，但表达啰唆繁复。有时事件涉及的时间、空间、数量、范围、程度、性状本身就是模糊的，难以进行确切的调研和测量，那么表达时就不可避免地也要用模糊词语。比如"近年来，党和政府高度重视农村文化建设……"中所要描述的时间起点不清楚，这个信息也没必要弄得很精确，因此就模糊地说"近年来"。

词义模糊也不可避免地带来一些交际上的不便或失误。有些公文中模糊词语随意乱用，不该模糊的地方模糊了，原本应该传达准确清晰的信息，最后却给人难以理解、朦朦胧胧、含混不清的感觉。稍稍关注点时事、看点新闻的人，都会听说过一个叫"有关部门"的机构。从字面意思上看，指"与此事有关联的部门"，但具体哪些部门并未列出。这个指代模糊的词组，却常常出现在正规的报道上以及政府机关的会议、文件、报告、批示中。对老百姓来说，要想对这些行政主管部门的工作进行监督，只怕是找不着门。一些当事部门却对这个词组用之不疲，原因很简单：一则不用指名道姓，既明确又模糊地表明了消息来源，暗示了这一说法的相对官方性和权威性；另一方面，又不会需要任何具体部门为这一"表示"承担责任。或者是因为某部门某领导或干部在接受采访后，觉得自己说的话有些不太妥当，于是叮嘱记者不要透露单位和姓名。这样的模糊词组还有"基本同意""酌情处理""大体上符合规定""原则上不准超编"等。"基本同意"是说同意但又有不同意，简直是矛与盾的统一体，"酌情处理"中这个"情"有时就由当权者自己去定了。这些词组显示出执行政策法规时有一定的灵活性，然而物极必反，灵活过头了就成了任意，多少违法乱纪的事就是从对这些模糊语言的任意理解中开始的。法律条文中如果在表达关键信息的地方用了模糊语言，必然会在司法实践中带来严重后果。

　　语义模糊性在语言中客观存在，作用独特，既有利处也有弊处。一方面，语言担负着再现客观世界的任务，担负着帮助人与人之间进行交流的任务，要想符合千变万化的客观世界，要想便利快捷地交流，就必须具有一定的模糊性，不必要的精确是不可取的。我们也不能滥用模糊性，把本来该明确表达的语义人为地变成含混不清的表述，给交际、工作制造障碍。

第四章　现代汉语的修辞教学

第一节　修辞基础

修辞是汉语教学中不可或缺的重要内容之一，培养以汉语为目标语的学习者具有恰当、适切运用汉语进行交际的能力，是以汉语为第二语言的修辞教学的一项重要任务。修辞不仅只是表达上的形式技巧，也是思维上的认知法则，如隐喻、仿词等。阐明汉语使用的文化规约，实践汉语交际的修辞方法，具备较强的汉语修辞能力，是针对留学生汉语修辞教学的重要任务。汉语修辞教学的目的是引导学生学习修辞规律并能够适切得体地运用汉语进行交际。

一、什么是修辞

日常交际离不开修辞，公关活动离不开修辞，给人或事物取名离不开修辞，写作、修改文章、翻译等更离不开修辞。那么，什么是修辞呢？

有学者认为修辞是一种活动或行为。例如："修辞不过是调整语词使语词传情能够适切的一种努力。"（陈望道《修辞学发凡》）"依据题旨情境，运用各种语文材料，各种表现手法，恰当地表现写说者所要表达的情意内容的言语活动。"（《辞海》）"修辞，就是把我们所说的话，修饰一下，使它更美一些的活动。"（胡怀琛《修辞学发微》）

有学者认为修辞是一种方法或手段。例如："修辞就是如何调整和修饰语言，把话和文章说得或者写得更正确、明白、生动、有力的方法及手段。"（北京师范大学《汉语讲义》）

《现代汉语词典》对"修辞"一词的解释是：（1）[动]修饰文字词句，运用各种表现方式，使语言表达得准确、鲜明而生动有力。（2）[名]修辞学（语言学的一个分支，研究如何使语言表达得准确、鲜明而生动有力）。

综上而言，传统修辞学者大多认为修辞是"技巧性的手段"。当代修辞学者站在语言运用的视角上，更为关注修辞的目的，强调修辞的语境和交际主体、追求修辞行为的效果。

二、修辞的原则

修辞与语境的关系十分密切。修辞通过对语言的超常运用，以适应题旨情境为前提，追求角色定位、注重修辞效果等语言运用原则为主。

（一）文化制约原则

修辞要受文化的制约。在对外汉语教学中，常常会因为文化的问题出现一些让人忍俊不禁的笑话，比如"慢吃"就是其中一个非常有趣的例子。一个外国留学生到中国同学家做客，同学父母与外国留学生之间的交际理解偏误说明文化参数在对外汉语教学中的重要性。同学父母对留学生说："请慢吃，慢慢吃。"留学生以为自己吃得太快了，于是动作慢了下来。可同学父母还在一个劲地劝："慢吃，慢慢吃。"最后他几乎不敢动筷子了。"慢"和"吃"是最基本的词语，句法结构非常简单，却出现了交流失误，这属于文化不同导致的交流失误。

再比如，英语中表达下大雨的意思，常用"heavy rain""rain cats and dogs"等，翻译时，不能根据字面意思译成"重雨""下猫和狗"，而应根据不同文化背景下的语言表达习惯，在汉语文化语境中翻译成"大雨""瓢泼大雨""倾盆大雨"等。

不同文化背景下的语言有其自身的特点，与别的语言之间不能简单地对等转换。人们应遵循文化制约原则，尊重不同语言自身的表达习惯。

（二）角色认同原则

人是一切社会关系的总和。无论是一个说话人还是一个听话人，他有他的年龄、性别、民族、国家，有他的父亲、母亲乃至各种亲友，有他的居住地、信仰、爱好乃至忌讳，有他种种社会身份。任何修辞行为一开始，就包含了一个以什么社会角色说话和对什么样的社会角色说话的问题。一个有效的修辞行为，不但需要行为主体确立以什么社会角色说话和对什么样的社会角色说话，而且更重要的是，行为主体对交际双方的这种角色定位还应该获得交际对象的认同。如"全国人大今天进行了分组讨论，市人大常委会主任在小组发言中认为学习了总理刚刚作的《政府工作报告》以后，感到深受鼓舞。"如果人大闭幕后，任何一位国民说"学习了总理刚刚作的《政府工作报告》以后，感到深受鼓舞"，在修辞上都没有问题。但在全国人大开会期间，作为出席会议的人大代表，面对刚刚作过的《政府工作报告》，所做的应该是"审议"而非"学习"，即使这位代表平时的职级远远低于总理，但选民推举他作为代表就是要他代表人民去"审议"的，而不是去"学习"的。此例的问题在于违背了修辞的"角色认同原则"，说话人忽视了自己的角色转换，必然导致修辞行为的失效。

（三）合作原则

一个完整的修辞行为包括发话与受话两端，尽管在很多情况下，受话者不在现场或只是一个潜在的对象。一个修辞行为的有效实施，需要发话者与受话者的合作。双方需要一种默契，需要假定双方都在遵守一系列合作原则，而这一系列准则的核心就是"诚信"与"关联"。

"诚信"准则要求说话人自己确认并且认为听话人也能确认双方说的话都自认为是真实的，即使其中有不确定的因素，但在整体价值上，其真实性是可以接受的。"关联"准则要求双方说的话与话题是有关联的，那些表面似乎没有关联的话语，其中也存在某种联系。否则，交际就要中断。

就此而言，"合作原则"应是修辞的又一个原则。当然，这里所说的"合作原则"与美国著名语言哲学家格赖斯的"合作原则"既有联系，又有差别。

（四）得体原则

一个修辞行为的有效性，还取决于它是否合乎语体的规范，是否符合言语交际环境的规定，是否符合社会交往的礼仪，是否符合文化的习俗，是否符合双方的审美倾向等。用戏曲语体撰写科技论文是不得体的，用新闻语体表达广告内容也是不得体的，在悼词中使用歇后语、插科打诨是不合适的，对一位海外来的游客使用"同志"作为泛尊称也是不恰当的。就此而言，在前述原则的基础上，确立修辞的又一个原则"得体原则"。

（五）取效原则

"得体原则"并不是修辞的最高原则。修辞是追求言语的有效性的行为。任何修辞行为都有一定的目的、意图，都要寻求一定的效果，如果遵守了修辞中的"得体""合作"等一系列原则但却没有收到应有的交际效果，这个修辞行为就不能说是最理想的。反之，如果在言语交际中，部分地忽略、放弃或者是违背了"得体""合作"等一系列原则，但却获得了预期的交际效果，这个修辞行为就不能说是失败的。

在语言交际修辞这一层面上，其最高原则应该是取得实效原则。近些年来，修辞在逐步摆脱以往"修辞就是修饰语言文字"的旧观念，而把它看作言语行为中追求最佳表达效果并取得实际交际效果的能力和手段，是修辞的重要功能体现。

总之，修辞就是"追求语言交际有效性的行为"，而修辞原则就是"在语言交际中为了实现并努力提高行为的有效性所遵循的标准、准则"。从文化制约原则、角色认同原则、合作原则、得体原则到取效原则，构成了制约实现修辞行为有效性整个过程的一系列原则。

修辞是人类的一种语言交际行为，是一种追求语言交际有效性的行为。从理论上看，修辞可以帮助我们揭示人类的语言之谜，阐明人类的认识活动，具有美学价值。从实用角度看，修辞可以提高我们的语言理解和表达能力，增强语言运用的表达效果。

三、修辞与语音词汇语法的关系

语言包含语音、词汇、语法三个要素。语音学、词汇学、语法学是分别以语言的有关组成部分为研究对象的。修辞学与这三者不同，它所研究的是如何根据语言各个要素的构成、特点、规律、规则等来提高表达的效果。有时话语修辞手段的运用，跟对应的某一语言要素直接有关。例如，语言的声律美和语音有关，词语、句式的精美适当与词汇、语法有关。有时话语修辞手段的运用，甚至会同时涉及以上几方面。所以，要学好修辞，还需要掌握语音、词汇、语法等有关知识。

（一）修辞与语音的关系

修辞和语音各有其研究对象，语音以语言声音的性质、结构规律为研究对象，修辞研究运用语言因素、语言规律来提高表达效果，汉语有明确的声韵调之分，且音节分明，谐音、叠音、拟声、双声、叠韵、平仄、押韵、语调、重音、轻声、停顿、音节、节奏和儿化韵等这些语音特点为修辞提供了可能。修辞中的一些辞格是利用汉语的语音要素构成的，比如修辞中的谐音双关、仿词等修辞方式的形成离不开语音要素。修辞中的节奏、音响、富有音乐感的语言色彩的形成，更是利用了语音中的双声、叠韵、叠音、押韵等条件。例如：

1. 说什么王权富贵，怕什么戒律清规。
2. 瑰丽端庄的中山花园，绿树成荫，花坛巧布，彩练横空，千红万紫。

例1中的"戒律清规"，本应是"清规戒律"，为了便于咏唱，调整了词语的结构顺序，使之押韵。例2中的"千红万紫"，本应是"万紫千红"，为了使语句音调抑扬起伏、悦耳动听，调整了词语的结构顺序，使之平仄相对。

语音在增强音律美和突出语义方面为修辞提供条件，丰富了修辞方式的内容。语音修辞是修辞研究的一个重要方面，修辞通过积极调动语音因素扩大了语音的功用。

（二）修辞与词汇的关系

词汇是语言的三大要素之一，词语修辞是修辞体系中的一个组成部分，词汇与修辞的关系非常密切。词汇重在词义、词的构成等，修辞重在各类词语的修辞功用，研究如何运用词语提高表达效果的规律，多从声音、形体、意义、色彩、用法方面对词语加以调遣、安排。修辞自然要涉及同义词、反义词、多义词、同音词、口语词、书面语词、古语词、方言词、外来词、成语、歇后语、惯用语等。许多修辞方式都与词汇有关，如双关、反语、仿词、婉曲、对偶、对比、借代、通感、夸张、顶真、回环、拈连、反复、比喻、移就等。例如：

1. 有些人专攻歪门邪道，不学无术，却又"毁"人不倦，不以为耻。

2. 冯巩很谦虚，他自认"三不是"：不是好儿子，不是好丈夫，不是好爸爸。他儿子出生时，他正在上海电视台录像，如果离开，整台节目就得抛锚坐等。他只好请妻子"自力更生"了。等冯巩回到家里，儿子都快满两个星期了。

例 1 中"诲人不倦"是一个成语，而"'毁'人不倦"则是根据"诲人不倦"临时仿造的词语。例 2 中"自力更生"原义是指"依靠自己的力量把事情办起来"，而该例中则是"凭借自己的力量把孩子生出来"的意思，这是在语境中临时给"自力更生"赋予了新的词义。

（三）修辞与语法的关系

修辞与语法有着直接的联系，关系更为密切。语法是语言的构造规则，修辞要以合乎语法为基础，话语和文章的意蕴、气势、力量、精彩、跌宕等方面的效果往往要靠句式的选用和调整，要靠句群的有效组织，如讲究句子的长短、句子的整散、句子的分合，讲究句子的繁简、句子的常式与变式等。汉语的同义句式丰富多彩，给修辞提供了广阔的选择空间，要提高表达效果，必须有效地利用语法规则。但修辞有时又会突破语法规则，形成一种超常搭配，取得一般搭配所不能达到的修辞效果。例如：

1. 你别看我耳朵聋，我的心并不聋啊！

2. 我和时间都不忙；

你也别再为生活逞强；

享受家人的拥抱；

看夕阳。

例 1 中的"聋"本不能与"心"搭配，因上文的"耳朵聋"顺势构成拈连辞格，巧妙地把"心"与"聋"联系起来。例 2 是《我和时间都不忙》中的一段歌词，"忙"不能与"时间"搭配，这里运用了拟人的手段，表达了一种希望人们别再为生活忙碌而紧张的强烈感情。

修辞同语音、词汇、语法既有区别又有联系。语言三要素是修辞的基础，是修辞要调动、加工的语言材料，修辞不是语言的第四个要素，修辞是对语言要素的综合运用。

第二节　选词与炼句

一、词语的选择

在词汇系统中，词语的声音、意义及用法是相对固定的，但进入句子以后，在词性、意义、用法、词形等方面可能会发生一些变化，这些变化通常涉及词语的修辞问题。

词语的锤炼是提高言语表达效果的基本功。历代有成就的作家都十分重视词语的锤炼。杜甫"为人性僻耽佳句，语不惊人死不休"；贾岛"二句三年得，一吟双泪流"；卢延逊"吟安一个字，捻断数茎须"；曹雪芹"字字看来都是血，十年辛苦不寻常"。这些都足见文人选词炼句之用心。

（一）词语修辞的内涵

词语的选择是指在具体的语境中，根据表情达意的需要，在一组具有"竞选资格"的词语中选用最佳形式，使表达准确得体。

汉语中的词汇丰富多彩。《现代汉语词典》共收 69000 余条；《汉语大词典》共收 37 万余条。如此丰富的词汇材料，为汉语词语修辞提供了丰富的优质资源，使汉语词语修辞研究有着无限广阔的范围和无限丰富的内容。

从词语意义的角度着眼，可研究多义词、同义词、反义词、模糊词语的修辞功能。从词语本身具有的修辞色彩着眼，可研究词语的感情色彩、形象色彩、联想色彩、语体色彩、风格色彩的功用。从词语的组成或来源的角度着眼，可研究古语词、方言词、外来词、行业词、口语词、新词的修辞功用。此外，固定词组、自由性词组、临时性词组和词语变异修辞等都具有修辞价值，它们都属于词语修辞研究的范围和内容。

（二）词语修辞的基本要求

1. 准确朴实

准确朴实是词语锤炼的基本要求。孔子说："辞达而已矣。"准确朴实就是"辞达"的重要内容。

当今的社会活动中，商务活动频繁，有关的合同、字据等，用词更要准确、朴实、明晰，不能含混、有歧义。下面的例子就有问题。

(1) 还欠款 4000 元整。

(2) 的哥与打的者"换位",一路人被撞死。

例(1)是姐妹双方在还部分借款之后所立下的字据,因"还"是个多音多义字而引起歧义。例(2)是一家晚报的消息报道,"一路人"可以理解为"一个过路人",也可以理解为"一路上的很多人",表意不明。

2. 简洁有力

简洁有力是要求文字简洁,但蕴含深厚,感情鲜明,表述具有力度,遣词用字不要烦冗拖沓,做到简约而有分量。

文章题目、新闻标题受字数限制,在简洁有力方面要求很高。下面例子中的重要词语只一两字、两三字,却很有力度。如"安全,是回家最近的路",这是一篇新闻报道的题目,是关于一组交通事故的报道,引起事故的原因或醉驾,或超车,或逆行,或慌乱。事件共同点都是发生在驾驶人员回家的路上。通过细节挖掘,使标题表达更有力度。

下面的例子不够简洁。

(1) 国外经营的食品、饮料很多是不加糖的,食用时可以随不同人的口味多加糖、少加糖或不加糖。

(2)（美国）有的丈夫在妻子生孩子后便一心在家料理家务,甚至完全放弃自己的工作和事业,在家当起了"专业主夫"。据美国劳动统计局的一项调查,在 25 岁—59 岁的已婚男性中,辞职在家做家务的有 2.5 万人,比 4 年前增加了 5%。

例(1)中……处用了"加糖",宾语"糖"均可承接上文省略,加上其他地方的改动,宜改成:"……可以随不同人的口味多加、少加甚至不加。"例(2)中有三处用了"在家",第 2、第 3 处"在家"可省,第 3 处省略后宜加"专"字,即改成:"……甚至完全放弃自己的工作和事业,当起了'专业主夫'。据美国劳动统计局的一项调查,在 25 岁—59 岁的已婚男性中,辞职专做家务的……"

简洁和有力是相辅相成的,只有做到简洁,表达才更有力度;要想表达有力,语言则不可烂冗。

3. 新鲜灵动

在语言表达准确朴实、简洁有力的基础上,追求语言运用新鲜灵动。新鲜灵动很重要的一点就是词语要用得巧,用得奇,韵味深厚,情趣盎然。例如:

(1) 谁让城市背了"黑锅"

(2) 北京商家忙"变脸"

(3) 唐国强洗心革面做"雍正"

例(1)"黑锅"是一语双关,新闻报道了部分居民在自家屋顶上私自架设卫星锅,既扰乱了无线电市场,又影响了市容市貌。例(2)"变脸",指装修、改造、扩大营业面积,以便进行竞争。例（3）"洗心革面"，指演员唐国强过去曾演《小花》《孔雀公主》《高山下的花环》，角色多为"温情脉脉的形象"，此次出演的则是《雍正王朝》的主角——雍正。这些用例均来自新闻标题，新闻标题特别重视词语的新鲜灵动，以吸引读者。

4. 生动形象

形象生动的词语可以唤起人们的联想，对客观事物获得真切的感受。中国古典诗词之所以具有巨大的艺术魅力，善于运用生动形象的词语是一个重要的原因。如宋代宋祁的《玉楼春》，最为传诵的一句诗为"红杏枝头春意闹"。其中的"闹"字，使人想到鲜花怒放，甚至联想到蜂飞蝶舞，一切生机勃勃的春天景象的联想和想象都会被调动起来。清末文论家王国维在《人间词话》中赞叹道："著一'闹'字，而境界全出矣。"

运用形象生动的词语，给人感受真切而深刻。例如：

嗷嗷待"哺"的母婴室。（新闻报道）

新闻报道了不少公共场所缺少母婴室的情况，作者运用拟人的修辞手法，通过"哺"字生动形象地说明了建设母婴室的紧迫性。

汉语中修辞方式的运用并不仅表现在动态的语言环境里，它也可以表现在词语的构成及其发展的过程中，显示出静态的本质特征，它能使汉语词语带上各种修辞色彩，极大地增强词语本身的艺术魅力。如"高兴"与"雀跃"都有"愉快"的理性义，而后者却通过摹绘手法把愉快的心情描绘出来，具有生动可感的形象色彩，两个词的表达效果是不一样的。由此可见，生动形象的词语表达有着重要的积极的影响。

（三）如何选词

1. 从字形着眼选择词语

修辞本是语言表达的问题，但在书面语言中，言语需要用文字来记录，文字成了语言的间接（视觉）载体。在追求书面语言的修辞效果时，也须顾及字面上的视觉效果。例如：

（1）江海河湖波浪涌，

远近遐迩逍遥游。

（船户对联）

（2）迎送远近通达道，

进退迟速遊逍遥。

（车马店对联）

从修辞的角度看，在上述对联中，连续出现几个偏旁相同的字，主要借助相同的偏旁，联边求趣。例(1)上联全是带"三点水旁"的字，下联则是全带"走之旁"的字。例(2)上下联全是带"走之旁"的字，整副对联在字面上给人造成一种新奇有趣的感觉。这是由字形带来的视觉审美效果，说明人们在修辞的过程中对字的形体是有所关注的。

此外，从字形着眼对词语的选择常借助汉字的形体示意。例如：

(1) 油价又双叒叕下降了！油箱还空着的旁友快去呀。

(2) 旅游黄金周，到处都是人从众。

例(1)和例(2)是现代网络中的用法。例(1)"又双叒叕"四个汉字的使用，后面三个汉字的使用与汉字本身的意义毫无关联，只是借用汉字的形体，表示强调"又"的含义，"旁友"是"朋友"的谐音。例(2)"人从众"借用"人"的形体，表示人多。

除了借用汉字的形体外，也可以借用拉丁字母或阿拉伯数字等其他字形。借形的好处是能形象直观而便捷地显示描述对象的形状。

2. 从语音着眼选择词语

中国现代小说家、文学家、戏剧家、语言大师、人民艺术家老舍说："现在尽管我们是写散文，但对声音的美也应该注意。……我写文章，不仅要考虑每一个字的意义，还要考虑到每个字的声音。"

词语修辞中，词的声音是重要的选词参数之一。语音在修辞行为中可以创造出行为的合法性。语音上协调，在我们人的心理上就认为是合理合法的，自古至今一直如此。

从语音的角度着眼，可以从哪些方面进行选词呢？

一是双声叠韵、叠音的音律美。利用双声和叠韵来增强语言的表现力，是汉语传统的语音修辞手段。双声叠韵，能够造出一种回环的美，可以加强语言的节奏感，加深听觉印象，使语音本身具有协调美和音乐美，增强语言的表达效果。

二是押韵形成的韵律美。押韵是音乐美的基本条件之一，韵脚调配得好，可使语句抑扬顿挫，流韵回环。押韵在诗词、歌词等带有较强韵律感的篇章中使用最多。

三是音节调配的节奏美。汉语常见的节奏配置有"1+2""2+1""2+2+1""2+1+2"等。在语言运用中，不同的语境使得这些节拍有的合适，有的不合适。比如"电影制片厂"，按照本意，应是"制电影片厂"，为什么在语言生活中人们选择的说法是前者而不是后者？这是音节调配在起作用。"电影制片厂"是"2+2+1"节拍，符合常用语言节奏调配，而"制电影片厂"是"1+3+1"节拍，不符合人们常用的语言节奏。通过音节的调配，使音节整齐匀称，增强节奏感。

四是声调平仄的抑扬美。平声听起来高昂平直，仄声听起来婉转低沉，平仄交错，能够产生抑扬顿挫的音乐美感。通常句内平仄交替，上下句平仄相对，读起来起伏有致，抑扬顿挫。现在写作虽不必像古人那样刻意追求，但适当注意句内平仄的调配，能增强语言的表达效果。

3. 从意义着眼选择词语

汉语里有丰富的同义词，有单双音节、词义色彩、搭配对象等多方面的差异，为修辞上的词语选择提供了广阔的空间。

从意义角度选用词语包括意义的增加、缩小等。例如：

（1）母亲就是母亲，大难临头，就是牺牲自己，也要保护自己的儿女。

（2）比赛失败，谢亚龙们应该找地缝钻进去，他们创造的这个特殊的教练集体，把队伍搞乱了，人心也散了。(郝洪军《国足陋习集中爆发兑现豪言集体钻地缝》)

例（1）前后两个"母亲"的含义是不同的，前面的"母亲"是一般意义上的"母亲"，即血缘上的"母亲"，后面的"母亲"已增加了丰富的含义，特指不但具有血缘上的关系，而且具有母亲的最本质的特点的母亲。"A 就是 A"这种句式表达的意思是"(这个) A (确实、无愧) 是 (真正的) A"，这种表达方法言简意深。例（2）中的谢亚龙是足协负责人，"们"字加在表示个体概念"谢亚龙"的名称后产生了特殊的"缩义"效果，成了足协负责人的同义语。

4. 从典雅度着眼选用词语

汉语词汇系统中，有一类带有强烈文采的词语，这些词语具有较丰厚的文化信息和较明显的书面语色彩。例如下列菜谱名称：

风传萧寺香（佛跳墙）

云腾双蟠龙（炸明虾）

际天紫气来（烧牛排）

会府年年余（烙雪鱼）

财运满园春（美点茏）

富岁积珠翠（西米露）

鞠躬庆联袂（冰鲜果）

括号中的菜谱名称是常用词语组成的，用在一般的场合毫无问题，但在有些场合，如果是一场非常重要的宴会，为了适应特定场合的需要，根据宴会的特点，使用既喜庆典雅又别有寓意的菜名则是一种修辞行为。典雅菜名不仅富有文采，而且颇具特色，既表达了热情好客的主人的良好祝愿，又显示了中华文明中含蓄蕴藉的语言特色。

在汉语的词汇仓库中，有一批文采斐然的词语专供人们在庄重和典雅的场合选用。例如，根据人的不同年龄，有不同的别称：三至十岁，称"髫年""韶年"或"韶龄"；十三至十五岁，称"舞勺之年"；男子于十岁行冠礼，以示成年，于是称"弱冠"；三十岁为"而立之年"；四十岁为"不惑之年"；五十岁为"知天命之年"；六十岁为"花甲之年"；七十岁为"古稀之年"；八九十岁为"耄耋之年"。对女子的年龄另有所称：十二岁为"金钗之年"；十三四岁为"豆蔻年华"；十五岁为"及笄之年"；十六岁为"碧玉之年"；二十岁为"桃李年华"（示意有了儿女）；二十四岁为"花信年华"。

在适当的场合选用具有文采的别称，可以获得典雅别致的效果。

5. 从创新性着眼选择词语

修辞的一个重要目标就是求新。唐代大文豪韩愈就极力主张"惟陈言之务去"。可以说，在运用词语的过程中对词语进行创新，是"务去""陈言"的一种重要手段。创新性的词语使用指在交际过程中利用语境和各种修辞手法临时创造出来的指代事物的词语。运用借喻、比拟、双关、借代、象征等手法都能创造出这类词语。这种词语只在这一特定的语境中有指代作用。这类创造性的代用词语同时具有所用修辞方式的修辞效果。例如：

(1) 我跟她说，……不要搞得太官方，也别搞得太民间，最好是半官半民……（刘心武《风过耳》）

(2) 学生们三三两两地正说得热闹："我们数学小组的极大值（年岁最大者）和极小值都在清华。""我想买本书，可我带的钱只有无穷大分之一。"（陈祖芬《朝圣者与富翁》）

例（1）中，"官方"和"民间"本属名词，前面加上了程度副词"太"，就被当作形容词来用了，意思也发生了变化，"太官方"就是"太具有官方的性质"，"太民间"就是"太具有民间的性质"。如此表达显得十分简练。例（2）的"极大值"和"极小值"是数学专业术语，用来指代"年龄最大者"和"年龄最小者"，不但新奇有趣，而且显示了他们的身份和爱好。术语的泛化在语言生活中使用的越来越多。所谓术语泛化，即通过"泛化"的手段，使专业术语突破学科行业的局限而进入其他领域，从而获得新颖而别致的用法，收到良好的修辞效果。再如"农民工保险必须通存通兑"（新闻标题），"通存通兑"本来是银行业的专用术语，此例通过隐喻化的方式把它用到保险业中，使之获得新的含义和新的用法，收到言简意赅且形象生动的效果。术语泛化不仅使表达显得别具一格，而且富于时尚气息。术语泛化实质上是词义扩大的一种常用方式，实际上，很多专业术语已通过泛化的方式进入普通领域，如"病毒、污染、接轨、平台、嫁接、孵化、充电、打擦边球"等。

创新性的词语使用在文学作品和气氛轻松的谈话中用得较多，效果也较好。此外，词语创新还有词性活用、词义变用、词义曲解、成语活用、改变搭配等。词语的创新性使用手段，常与修辞格有紧密关系。创新性的词语使用通常用于营造一种调侃诙谐的气氛，产生新奇有趣的语用效果，给人一种简洁新颖的感觉。

6. 从词形着眼选择词语

选用简称。在说话或行文中为了达到经济的目的，在同一场合第二次提及某词语时，通常总是运用简称的方式，这几乎成了一种惯例。比如报考研究生简称为"考研"、考核评估简称为"考评"、失去联系简称为"失联"等。有一些词语就是通过简称的方式逐渐成为新词。简称有一个好处，就是行文简洁，便于称说。使用简称时要注意几点：一是首次使用某个词组的简称时要使人易于辨识，不致造成理解上的困难，在书面上一般要用引号标明；二是简称要符合规范，避免出现歧义；三是要注意场合，在必须使用全称的时候，不宜使用简称。

仿造"新词"，即仿拟原有的某个词语，通过更换语素的方式，临时创造出一个与原词既有联系，又有不同的"新词语"。这种仿造新词的方法在修辞中被称为"仿词"辞格。从词语运用的角度看，仿词则是词语创新的一种简易方式。仿造新词实质上是在原有概念的基础上创造出一个新的概念。词语的选用是利用语境的作用，在词义或词形上做了"手脚"，使词语原来所反映的对象特征或适用范围发生了变动，从而获得新的用法，具有"新""奇""特"的效果。

在对外汉语教材中，低年级阶段的修辞现象多体现在选词造句方面。例如：

售货员：您买什么？

玛丽：我看看皮大衣。

售货员：你看看这件怎么样？又好又便宜。

玛丽：是真皮的吗？

售货员：当然是真皮的。

玛丽：这件有一点儿长，有短一点儿的吗？

售货员：你要深颜色的还是要浅的？

玛丽：浅的。我试试可以吗？

售货员：可以。

玛丽：这件太肥了，有没有瘦一点儿的？

售货员：你再试试这一件。

玛丽：这件不大不小，正合适。颜色也很好看。

遇到这样的课文，传统的教学方法多从语法的角度讲，比如讲"太+形容词+了""又……又……"等结构，而忽略有关修辞的教学。课文中出现的"看看""试试"等，汉语教材的常规讲法是：这是动词重叠，汉语表达动作时间短、尝试、轻微等意义时，用动词的重叠形式。如果从修辞的角度来看，使用动词重叠式这一格式时，说话的语气显得轻松、随便，一般用于口语。如果把相应的修辞问题引入教学，会让学生更快更好地提高语言运用能力。

二、句式的选择

北宋北宋官员、科学家沈括在《梦溪笔谈》中记载有这样一个故事：有名叫穆修、张景的人，一天两个人一起上朝，忽然看见一匹马奔了过来，把一只黄狗给踩死了，两个人就都把这件事记下来，比谁的好。穆修写的是例1，张景写的是例2，沈括自己写的是例3。《唐宋八家丛话》中也记载了一个类似的事。一天欧阳修和同事出游，看见一匹奔马在路上踩死了一只狗。欧阳修说："请你把这件事记记看。"同事于是写了下面的例4，欧阳修看了说："如果让你写历史，一万卷也写不完。"同事说："您看该怎么写呢？"欧阳修写的是例5。《唐宋八家丛话》叙述这件事时，写的是例6。同样的一件事，就有六种不同的句子表达。

1. 马逸，有黄犬遇蹄而毙。（穆修）
2. 有犬死奔马之下。（张景）
3. 适有奔马践死一犬。（沈括）
4. 有犬卧通衢，逸马蹄而死之。（欧阳修同事）
5. 逸马杀犬于道。（欧阳修）
6. 有奔马毙犬于道。（《唐宋八家丛话》）

这六个句子，有的是单句，有的是复句；有的以施事"马"作为主语，有的以受事"犬"作为主语。究竟哪个好呢？应该说各有所长，各有特点。如果强调活动的主体、动作的施事，应以"马"为主语；如果突出后果的遭受者，则选择以"犬"为主语。一句话单独来看，难以分出胜负，在具体的语境中，因上下文、题旨、情境的不同，每一种句子各有所宜。汉语中的句子类型丰富多彩，存在着大量的同义句式，为句子的选择提供了可能。

从修辞的角度来看，汉语常见的句式有长句与短句、肯定句与否定句、整句与散句、主动句与被动句等等，不同类型的句式具有不同的语用价值。

（一）短句和长句

短句是指句子字数少，词语数量少，结构比较简单的句子；长句是指句子字数多，词语数量多，结构比较复杂的句子。句子的短与长也是相对而言的，不能机械地规定。短句、长句各有其特点，各有其表达效果。

短句的特点主要表现在：

1. 简练明快

（1）到南京时，有朋友约去游逛，勾留一日；第二日上午便须渡江到浦口，下午上车北去。父亲因为事忙，本已说定不送我，叫旅馆里一个熟识的茶房陪我同去。他再三嘱咐茶房，甚是仔细。但他终于不放心，怕茶房不妥帖，颇踌躇了一会。其实我那年已二十岁，北京已来往过两三次，是没有什么要紧的了。他踌躇了一会，决定还是自己送我去。我两三回劝他不必去；他只是说，"不要紧，他们去不好！"（朱自清《背影》）

此例是讲述父亲送不送"我"的变化过程。句子简短畅达，一一叙来，亲切自然，充分表现了父亲对"我"真挚的爱。

（2）和人相处，最简单不过。你敬人一尺，人家敬你一丈。反过来，你不仁，人家也不义。要想把做人学好，你就记住三句话：待人真诚，做事规矩，态度谦恭。有这三条，就算齐了。（《演讲与口才》）

2. 感情色彩多样

(1) 风！你咆哮吧！咆哮吧！尽力地咆哮吧！在这暗无天日的时候，一切都睡着了，都沉在梦里，都死了的时候，正是应该你咆哮的时候，应该你尽力咆哮的时候！

光明呀，我景仰你，我要向你挥手，我要向你稽首。我知道，你的本身就是火，你，你这宇宙中的最伟大者呀，火！你在天边，你在眼前，你在我的四面，我知道你就是宇宙的生命，你就是我的生命，你就是我呀！我这熊熊地燃烧着的生命，我这快要使我全身炸裂的怒火，难道就不能迸射出光明了吗？（郭沫若《屈原》）

这是《屈原》的一段台词，多为短句，表现了人物对黑暗的愤怒，对光明的呼唤，急促快速，热烈奔放。

(2) 话说第一道菜是粉丝煮鸡汤，他喝了一口问我："咦，什么东西？中国细面吗？""你岳母万里迢迢替你寄细面来？不是的。""是什么嘛？再给一点，很好吃。"我用筷子挑起一根粉丝："这个啊，叫作'雨'。""雨？"他一呆。(三毛《沙漠中的饭店》)

此例多为对话，均为短句，而且有的句子主谓之间还要加个语气词断开："这个啊，叫作'雨'。"表现出神秘、诡谲的神情。整个对话反映出这对恩爱夫妻之间戏谑、逗笑的亲密感情，语言色彩轻松而欢快。

3. 实用性强

党和国家的纲领、原则、方针、政策等，常常用短句，旗帜鲜明，表达有力。例如：(1) 科教兴国；(2) 尊重知识尊重人才。

题词、标语、口号等一般用短句。例如：(1) 教育要面向现代化，面向世界，面向未来。(2) 文明开车。(3) 宁让三分不抢一秒。(4) 牙好，胃口就好，身体倍儿棒，吃嘛儿嘛儿香。

长句的特点主要表现在：

1. 信息容量大

(1) 新闻报道中，这类句子常见，特别是并列的有关项目多需要合并叙述的时候。例如：

某教育学院今年对四百六十七名学生就"毛笔字、钢笔字、粉笔字和普通话"作了一次考核，结果"三字一话"的及格率分别为百分之二点七、百分之二十八、百分之二十和百分之四十五。(《人民日报·海外版》)

(2) 教育部和财政部决定，从今年9月1日起，将享受中国政府奖学金来华学习的外国留学生的奖学金生活费标准，由原来的每人每月本科生550元人民币、硕士研究生和普通进修生650元人民币、博士研究生和高级进修生750元人民币，分别提高到800、1100和1400元人民币。(《北京晚报》)

例(1)中，"毛笔字、钢笔字、粉笔字和普通话"共四项，与下文的四个百分比数字分别对应，这是"合叙"，如果拆开，一点一点分头说，将会耗费更多笔墨。例(2)中，外国留学生中的三类人原来的奖学金生活费标准分别和下文新的标准一一对应，如果拆开分叙，文字将大大增加。

2.周全细致

长句之所以长，最多的一种情况是句中有修饰语。文学作品中多为描绘性词语，而新闻报道中往往是交代一些有关的背景情况等。例如：

本月2日，两只去年8月无性生殖成功的恒河猴在美国俄勒冈地区灵长类动物研究中心的一片特别区域内蜷缩在一起的情景。(《北京晚报》照片文字解说)

"恒河猴"和"情景"之前，都有定语，后者结构还比较复杂，但是介绍的内容具体、详细。

长句和短句各有各的使用范围和表达功能，需要运用长句的时候当然要用，如果没有必要，最好避免。因为长句毕竟结构比较复杂，词语比较多，阅读起来费力。句子长了，也难以驾驭，容易出错，因此需要长句化短。例如，修饰语多的长句，虽然基本结构并不复杂，但修饰语多，犹如大树的主干被众多的枝叶遮掩了，人们不易看清楚，不易把握。这类长句人们必须一口气从开头一直读到结尾，才能理解它的意思，中间停不下来。要是表达得不顺畅，那真是让人叫苦。怎样化短呢？可以将长句子意思的表述分成几个步骤，一步一步往下说。第一步先说句子基本结构的意思，然后再说修饰语的意思。修改时，为使语意连贯，允许增加或简省某些词语，当然，要注意不能影响原意。比如学生习作中的一句话："希腊通行与中国不同的由牡牛、山羊、狮子、驴、蟹、蛇、犬、鼠、鳄、红鹤、猿、鹰等动物组成的12生肖。"这个句子语法上没有毛病，但是有点长，改短一点为好。譬如说，可以先介绍希腊也通行生肖，给读者一个粗略了解，然后指出它和中国的不同，最后再一一叙述12生肖的具体组成。这样一改，犹如原来要一口吃下的东西，变成一点一点地吃，人们就不会感到吞咽的困难。这句话可以改成："希腊也通行12生肖，但与中国的不同，他们的生肖是：牡牛、山羊、狮子、驴、蟹、蛇、犬、鼠、鳄、红鹤、猿、鹰。"

长句变短句有两种办法。一是把长句的附加成分抽出来，变为复句里的分句，或者单独成句。二是把复杂的联合词组拆开，重复跟联合词组直接相配的成分，形成排比并列句式。

（二）整句和散句

整句和散句是从结构形式上对句子的一种分类。整句指结构大致相同、形式比较整齐的句子；散句指结构不一致，形式参差散落的句子。在一般文章里，整句和散句往往是结合运用的。两者各有各的修辞效果。整句形式整齐，声音和谐，气势贯通，意义鲜明。整句是就语言的物质材料所进行的一种整齐化的艺术性组合。常见的整句有对偶、排比、叠用等，在散文、诗歌、唱词中应用较广，适合于表达丰富的感情，能给人留下深刻、鲜明的印象。散句结构不同，所用的句式也多种多样，因此它所表达的内容不像整句那么集中，但散而不乱，也比较灵活，容易避免单调、呆板，能取得生动、活泼的效果。

（三）肯定句和否定句

同一个意思往往可以用肯定句，也可以用否定句。肯定句比较直率、明确，否定句比较委婉、平和。例如："他比较骄傲。""他不够谦虚。"前者为肯定语气，后者为否定语气。

为什么一个意思可以用肯定句式表达，说话人还要用否定句式呢？这往往和说话人有意识地避免运用某些词语有关。比如某人病了，别人见到他常常这样问："听说你近来身体不太好？"用"不太好"代替"生病"，因为"生病"总是不好的事情，所以询问时要加以淡化，用一个褒义词"好"，前面加上否定词"不"。

否定句中有一种双重否定句，即将两个否定词连用，常见的格式有："不（无）……不（无）……""没有……不……"等，成语、谚语中很常见。例如"无坚不摧、无孔不入、无所不为、不见不散、没有不透风的墙、没有不散的宴席"等。

一般来说，双重否定句的语气比肯定句更强烈。例如：

到西藏拉萨的游人，没有不去八廓街的。来拉萨的信徒，也没有不去八廓街的。（陈华《拉萨的街市》）

有的双重否定句可用来表示一种委婉的语气。例如：

我们不能不感谢那些地质勘探队。

如果改为肯定句，便失去了委婉、迂回曲折的表达效果。

（四）口语句式和书面语句式

口语句式和书面语句式的不同主要表现在以下几方面：1.口语句式结构比较简单、松散，多用短句；书面语句式结构比较复杂、严谨，较多使用长句。2.口语句式关联词语用得少些或不用；书面语句式关联词语用得较多。3.口语句式句法结构比较灵活，经常会出现句子成分的倒装和易位；书面语比较讲究语言规范，注意句子的加工，有时还会使用一些文言句式。

此外，口语句式和书面语句式在所运用的词语方面，也具有明显的风格上的区别。口语句式大都由通俗的口语词组成，书面语句式大都由文雅的书面语词组成。

总体来说，口语句式的修辞作用主要是简洁、活泼、自然，书面语句式的修辞作用主要是严谨、周密、文雅。

第三节 汉语修辞格

修辞格，简称辞格，是指在语言运用过程中为提高表达效果而形成的固定修辞格式，如比喻、双关、排比等。

留学生教材中的辞格的运用主要出现在中、高级阶段。如《发展汉语》中级阶段有比喻、比拟、排比、反问、设问、借代、夸张、引用等辞格，高级阶段有比喻、比拟、排比、层递、对比、对偶、顶真、回环、拈连、双关、借代、映衬、设问、反问、呼告、夸张、反复、婉曲、引用等辞格。辞格的类型随着汉语水平的提高而逐渐丰富。

一、比喻和比拟

（一）比喻

1. 什么是比喻

比喻，就是通常所说的打比方，用与本体事物有本质差异而又有相似点的另一事物来说明或描写本体事物。比喻是运用得最为广泛的一种修辞方式，在汉语教材中属于高频辞格。

比喻包含被比喻的事物和用来作比喻的事物两部分，前者称为本体，后者称为喻体。主体和喻体必须是互不相同的事物，但又有某些共同的属性或特征。比喻在结构上一般有三个基本要素：本体、喻体、比喻词。例如：

(1) 共产党像太阳，照到哪里哪里亮。
(2) 残月像一片薄冰漂在沁凉的夜色里。
(3) 红色酸酸的，像还没熟的草莓，它又甜甜的，像西瓜。

2. 比喻的类型

比喻的基本类型有明喻、暗喻和借喻。

明喻的本体、喻体、比喻词均在句中出现，常用的比喻词有"像、如、似、若、犹、仿佛、有如、像……似的"等，明确地表示以彼物比此物，突显比喻关系。明喻在比喻中用得很广泛，其特点是比较显豁。例如：

(1) 晚上十点以后，盘子最多，高得像座小山似的。
(2) 棕色就像干枯的落叶，在托马斯脚下沙沙响。
(3) 但他没有成功发出的信，仿佛石头扔进了大海。

暗喻，又称隐喻。本体和喻体也都在句中出现，但不用"像"之类的比喻词明确表示是在打比方，而是用"是、成、变成"等词语来连接，有时也可不用比喻词，本体和喻体以破折号和逗号来连接。如果说，明喻本体和喻体是相类关系，那么暗喻则是相合关系，暗喻比明喻形式上显得更紧凑，内容也显得更密切。例如：

(1) 时间就是生命，时间就是金钱。
(2) 黄河是中华民族的摇篮，所以中国人叫她"母亲河"。

(3) 绿水青山就是金山银山。

借喻的本体不出现，也不用"像""是"之类的词语，干脆把用来打比方的事物当作被比方的事物来写来说，即以喻体直接代替本体。比起明喻、暗喻来，借喻的本体和喻体关系最紧密，表达深厚而含蓄。例如：

(1) 人生终点站的服务员——访八宝山殡仪馆整容工刘瑞安。（文章标题）

(2) 最可恨那些毒蛇猛兽，吃尽了我们的血肉。一旦把它们消灭干净，鲜红的太阳照遍全球。（《国际歌》）

比喻在长期的运用实践中，形成了多种多样的变式。目前学术界已有专文论及的就有倒喻、回喻、对喻、反喻、博喻、约喻、互喻、等喻、较喻、诘喻、引喻、类喻、强喻、弱喻、物喻、曲喻、虚喻、音喻、疑喻、正喻、讽喻、详喻、同位喻等二十多种。

3. 比喻的语用价值

比喻能够使人通过联想，从一种熟悉的事物或道理，去感受、认识另一种事物或道理，从而便于理解。比喻可以把未知的事物变成已知，把深奥的道理说得浅显易懂。比喻可以把抽象的事物具体化、形象化。

（二）比拟

1. 什么是比拟

比拟是把一个事物当作另一个事物来描写、说明。可以把物当作人、把人当作物或把甲物当作乙物来写。例如：

(1) 当我弹奏钢琴时，我想象那八个音符有不同的个性，穿戴了鲜艳的衣帽携手舞蹈。

(2) 鸟儿将巢安在繁花嫩叶当中，高兴起来了，呼朋引伴地卖弄清脆的喉咙，唱出婉转的曲子，跟清风流水应和。

例（1）出自张爱玲的散文《天才梦》，将八个音符比拟为八个各具特性、穿戴了鲜艳衣帽携手舞蹈的人，不仅赋予可闻而不可见的音符以具有冲击力的视觉形象，而且以实例传达了作者儿时对音符极为敏感、颇具音乐天赋的语用信息。例（2）是把动物"鸟儿"当作人来写，可以"呼朋引伴""卖弄清脆的喉咙"。

2. 比拟的类型

比拟可以分为拟人和拟物两类。

拟人是把物当作人来描述。拟人手法让"物"具有人的思想情感、动作、神态。可以是把无生命的事物当作人来写，也可以是把有生命的事物当作人来写。例如：

(1) 但"爱情"终于向我走来了。

(2) 西伯利亚来客——红嘴鸥重游春城。(《人民日报》)

(3) 油蛉在这里低唱，蟋蟀们在这里弹琴。

拟物是把人当作物或者把甲物当作乙物来描述。例如：

(1) 小飞蛾说："艾艾！你不去看看你姥姥！"艾艾说："我不去！初三不是才去过了吗？"张木匠说："不去就不去吧！好好给我看家！不要到外边飞去！"

(2) 她在呢喃低语中蒙眬睡去，窗口的两支红烛滴落着一滴一滴红色的泪。

(3) 车上的人并不多，天气太热，谁也懒得说话，只有几个年轻的小伙子站在车门口说粗话，眼睛却不时往那女子身上舔。

3. 比拟的语用价值

运用比拟，使物人格化，使人物性化，可以表现出强烈而丰富的思想情感，形象生动，富于情趣。文章的标题常常采用比拟手法，以吸引读者。

运用比拟需要注意：一是运用比拟必须是自己真实感情的流露，而感情又必须符合所描写的环境、气氛；二是用来比拟的人和物在性格、形态、动作等方面应该有相似或相近之点，这样才能把物写得像真正的人一般，或把人写得像真正的物一样。

（三）比喻和比拟的区别

比喻和比拟都有某些相似点，都是两事物相比。不同的是比喻重点在"喻"，即用乙事物"喻"甲事物，甲乙两事物一主一从；比拟重点在"拟"，即把甲事物"当作"乙事物来写，甲乙两事物彼此交融，浑然一体。

二、排比和层递

（一）排比

1. 什么是排比

排比就是把三个以上结构相同或相似、意义相关、语气一致的词组或句子排列起来，形成一个整体。排比往往以相同的词语作提挈语，当然也可以不用相同的词语。排比是一种富于表现力的辞格，也是汉语教材中的高频辞格。例如：

(1) 绿色，这是生命的象征，是人间最美丽的颜色，是人类最宝贵的财富。

(2) 拼客们说，公车太慢，地铁太挤，打车太贵，说来说去，还是拼车方便快捷、经济实惠，还能节约能源。

(3) 特别是到了夏季，女性为了可以穿上性感的泳衣、甜美的超短裙、可爱的吊带衫，于是下决心狠狠地减肥。

2. 排比的基本类型

排比可以分为句法成分的排比、句子的排比和段落的排比。

第一类：句法成分的排比。

各种句法成分都可以排比。例如：

（1）四十多个纯洁可爱的学生，四十多颗天真的心，四十多双真诚的眼睛，在这个时候，好像一股暖流温暖着我，鼓励着我。

（2）在这短暂的时间里，他活得多么纯洁，多么高尚，多么光彩啊！

例（1）是主语的排比，例（2）是补语的排比。

第二类：句子的排比。

从句子结构上看，单句、组成复句的分句、复句都可以构成排比。例如：

（1）棒子黄了，抱着金子的胖娃娃。

芝麻黄了，举起金子的霸王鞭。

大豆黄了，摇起金子的串铃铛。

（2）天上星多月不明，

塘里鱼多水不清，

地里草多苗不长，

小妹郎多乱了心。

（3）研究人员还发现，快乐比不快乐更易"传染"。如果你的直接社交对象很快乐，你快乐的概率会增加15%。如果你配偶或兄弟姐妹的朋友很快乐，你快乐的概率会增加10%。如果你的第三层社交圈，如朋友的朋友很快乐，你快乐的概率会增加6%。

第三类：段落的排比。

抒情性强烈的文体如诗歌等，常用段落的排比。例如：

在我和世界之间

你是海湾，是帆

是缆绳忠实的两端

你是喷泉，是风

是童年清脆的呼喊

在我和世界之间

你是画框，是窗口

是开满野花的田园

你是呼吸，是床头

是陪伴星星的夜晚

在我和世界之间

你是日历，是罗盘

是暗中滑行的光线

你是履历，是书签

是写在最后的序言

（北岛《一束》）

这首诗共有 5 节，它们构成了段落排比，段落内部又有排比。

3. *排比的语用价值*

排比能够表达强烈奔放的感情，增强语言的气势，突出意思的重心。用排比说理，可以把论点阐明得严密、透彻；用排比抒情，可以把感情抒发得淋漓尽致；用排比叙事，可以把事情叙述得井然有序。运用排比须从内容表达的需要出发，不能生硬地拼凑。

（二）层递

1. *什么是层递*

层递是由三个或三个以上结构相似的语言单位，按大小、轻重、高低、深浅、远近、长短等逻辑关系排列，以表达层层递进的一种修辞格式。例如：

（1）地球上最广阔的是海洋，比海洋更广阔的是天空，比天空更广阔的是人的心灵。

（2）使人生圆滑进行的微妙的要素，莫如"渐"；造物主骗人的手段，也莫如"渐"。在不知不觉之中，天真烂漫的孩子"渐渐"变成野心勃勃的青年；慷慨豪侠的青年"渐渐"变成冷酷的成人；血气旺盛的成人"渐渐"变成顽固的老头子。(丰子恺《渐》)

2. *层递的基本类型*

层递可以分为递升和递降两类。

递升是按照事物的发展，按由小到大、由低到高、由轻到重、由浅到深等顺序排列。例如：

（1）听说四川有一支民谣，大略是"贼来如梳，兵来如篦，官来如剃"的意思。

（2）时间一天一天地过去，一月一月地过去，一年一年地过去，真理老人所撒的种子，也一天一天地生长，一月一月地开花，一年一年地结果。

递降是按照事物的变化，按由大到小、由高到低、由重到轻、由深到浅等顺序排列。例如：

当战士两年多，没有什么贡献，想起来真对不起革命，对不起上级，对不起自己。

3. *层递的语用价值*

运用层递描述事物，条理清楚；用来说理，可以层层深入，增强说服力；用来抒情，易生感染效果。语言一环扣一环，一步紧一步；人们的认识层层深入，印象逐渐深化。

（三）层递和排比的区别

层递着眼于内容上具有等次性（级差性），构成层递的几个语句在内容上必须是递升或递降的；排比主要着眼于内容上的平列性，构成排比的内容是一个问题的几方面，或相关的几个问题。因此可以说，层递各项之间在语义上是阶梯式的，排比则通常是平列式的。层递在结构上不强调相同或相似，往往不用相同的词语；排比在结构上必须相同或相似，往往要用相同的词语。排比的作用主要是增强语势，增加节奏感，而层递的作用则主要是使语义逐层推进、步步深入。

三、对比和对偶

（一）对比

1. 什么是对比

对比也称对照，把两个相反、相对的事物或同一事物相反、相对的两方面放在一起进行比较。例如：

（1）虚心使人进步，骄傲使人落后。

（2）有缘千里来相会，无缘对面不相逢。

2. 对比的类型

从对比的构成方式看，对比可以分为两体对比和一体两面对比两种类型。

两体对比是把两种根本对立的事物放在一起进行对照，使好的显得更好，坏的显得更坏，美的显得更美，丑的显得更丑。例如：

（1）老年人常思既往，少年人常思将来。

（2）有的人活着，他已经死了；有的人死了，他还活着。

一体两面对比是把同一事物的正反两方面放在一起对比。例如：

（1）先天下之忧而忧，后天下之乐而乐。

（2）过去走娘家，谈鸡又谈鸭；现在走娘家，姐妹比文化。

3. 对比的语用价值

对比修辞手法的运用，重在揭示对立意义，形成鲜明的对比。两体对比突出矛盾，鉴别美丑，给人们以深刻的印象和启示。一体两面对比重在突出事物本质特征，反映事物内部对立统一的辩证关系，使人们对事物的认识更全面、更深刻。

（二）对偶

1. 什么是对偶

对偶，就是用语法结构基本相同或者近似、音节数目完全相等的一对句子，来表达一个相对立或者相对称的意思。

2. 对偶的类型

对偶从内容上看，可以分为正对、反对和串对。

正对指的是上下两联运用对称的类似的事物，相互补充，相互映衬。例如：

(1) 日出江花红胜火，春来江水绿如蓝。
(2) 两个黄鹂鸣翠柳，一行白鹭上青天。
(3) 竹雨松风琴韵，茶烟梧月书声。

反对，指的是上下两联运用相反的相对的事物，形成强烈的对比。例如：

(1) 谦虚人常思己过，骄傲人只议人非。
(2) 横眉冷对千夫指，俯首甘为孺子牛。

正对和反对，上下两联大都是并列的，通常是"平对"。

串对又叫"流水对"。串对的上下两联之间构成承接、递进、转折、选择、条件、因果、假设等关系。例如：

(1) 欲穷千里目，更上一层楼。
(2) 司机一杯酒，亲人两行泪。

串对不追求形式上的严格工整，而注重联语一气呵成，语意自然连贯，如行云流水。串对中，上联和下联不能颠倒次序。正对和反对，上下两联的次序不那么重要，理论上是可以颠倒的。

3. 对偶的语用价值

对偶从形式上看，协调匀称，写出来整齐美观，读出来节奏鲜明，铿锵有力，便于记诵；从内容上看，凝练、集中、缜密。正对可以相互补充，相得益彰；反对可以相互映衬，鲜明对照，有利于解释事物的辩证关系；串对如行云流水，语意自然连贯。对偶是我国人民群众所喜闻乐见的一种修辞方式，运用范围极其广泛，不仅诗歌、词曲、小说、散文，甚至公文也常使用，文章的标题用得尤其多一些，而运用对偶辞格书写的楹联是中华民族特有的一种文学形式。

（三）对偶和对比的区别

对比和对偶皆是两项对称；对偶两项的字数必须相等，对比则没有严格的字数要求；

对偶强调形式上对称，结构对称，字数相等；对比强调内容上对立，要求意义相反或相对。对偶里的反对，从形式上看是对偶，从内容上看也是对比，属于对偶兼对比。

四、顶针和回环

（一）顶针

1. 什么是顶针

顶针又称顶真、联珠或蝉联，指用前文结尾的词语作为后文的开头，使相邻分句蝉联。例如：

（1）从前有座山，山上有座庙，庙里有个老和尚，老和尚正在给小和尚讲故事：从前有座山，山上有座庙……

（2）湖水滋润着湖边的青草，青草喂胖了羊群，羊群哺育着她们的后代子孙。

(3) 有个农村叫张家庄。张家庄有个张木匠。张木匠有个好老婆，外号叫个"小飞蛾"。小飞蛾生了个女儿叫"艾艾"……

2. 顶真的类型

顶针有词的顶针、词组的顶针和分句的顶针。词的顶针是用上文结尾的词作为下文的开头。例如：

（1）招之即来，来之能战，战之能胜。

（2）有翼的床头仿佛靠着个谷仓，仓前边有几只缸，缸上面有几口箱，箱上面有几只框，其余的小东西便看不见了。

词组的顶针是用上文结尾的词组作为下文的开头。例如：

名不正则言不顺，言不顺则事不成；事不成则礼乐不兴，礼乐不兴则刑罚不中；刑罚不中则民无所措手足。

分句的顶针是用上文结尾的分句作为下文的开头。例如：

（1）可是，女人不参加工作，就没有工资收入；没有工资收入，经济上就不能独立；经济上不能独立，也就不可能实现男女平等。

（2）咱们做的事越多，老百姓就来得越多；老百姓来得越多，咱们的力量就越大；咱们的力量越大，往后做的事就越多。

3. 顶针的语用价值

运用顶针，使话语更具有整体感，结构严密，环环相扣，语意连贯，音律流畅。运用顶针叙事、写景，可以交代清楚事物之间或空间上的关系；用它来说理、抒情，可以阐明事物之间的内在联系，使人感到一目了然，严密周详。

（二）回环

1. 什么是回环

回环是通过变换词语的次序和位置，对词语重新排列组合，使语言形式构成循环往复的一种修辞方式。例如：

（1）开车不喝酒，喝酒不开车。
（2）科学需要社会主义，社会主义需要科学。
（3）膝前有了四个小女儿，老是缠绕不清，等于背上了四个小包袱，更觉得家离不了我，我离不了家。

汉语的单音节基本上都有意义，语素的组合十分灵活，这是回环产生的语言基础。

2. 回环的类型

回环有词的回环、词组的回环和分句的回环。例如：

（1）平安中国，中国平安。
（2）人民需要艺术，艺术需要人民。
（3）长相知，才能不相疑；不相疑，才能长相知。
（4）诗是无形的画，画是有形的诗。
（5）我越帮忙，她越跟我好，她越跟我好，我越帮忙。

还有一种与回环相关的修辞现象"回文"，同一语句既可顺读又可倒读，属于字序问题。回文是一种很有趣的修辞现象，汉语里有不少回文对联、诗词。例如：

（1）客上天然居，居然天上客。
（2）人过大佛寺，寺佛大过人。
（3）雪花飞暖融香颊，颊香融暖飞花雪。欺雪任单衣，衣单任雪欺。别时梅子结，结子梅时别。归不恨开迟，迟开恨不归。

3. 回环的语用价值

从表达形式上看，回环形式整齐，回环往复，节奏鲜明，和谐流畅，产生一种回环美。从表达内容上看，回环往复的形式能够简洁地表明两种事物的内在联系，阐明两种事物间的相互依存或相互排斥的辩证关系，以加深读者对客观事物的认识和理解。

（三）回环和顶针的区别

回环和顶针在头尾顶接这一点上相似，但又有根本上的不同。顶针是反映事物间的顺接或联结关系的，它从一个事物到另一个事物，顺连而下，其轨迹是直线形，不是递升或递降的关系，这一点又与层递不同。回环是在词语相同的情况下，巧妙地变换词语的顺序，利用它们不同结构关系的不同含义形成循环往复的语言形式，从甲事物到乙事物，又从乙事物到甲事物，反映事物之间相互依存或紧密相连的关系。

五、拈连和移就

（一）拈连

1. 什么是拈连

利用上下文的联系，把用于甲事物的词语巧妙地用于乙事物，这种辞格叫拈连，又叫"顺拈"。甲事物一般都是具体的，通常在前，乙事物一般都是抽象的，通常在后。例如：

（1）哼！你别看我耳朵聋——可我的心并不"聋"啊！

（2）这个冬天总是下雨，淅淅沥沥的，到处都湿漉漉，这又湿又冷的冬天似乎把什么都冻住了，连爱情也冻住了。

2. 拈连的基本类型

拈连有全式拈连和略式拈连两种。

全式拈连的甲乙两事物都出现，拈连词语不可少。它像锁链一样，使前后拈连在一起。例如：

（1）乡愁麻痹到全身，我掠着头发，发上掠到了乡愁；我捏着指尖，指上捏着了乡愁。……

（2）我们人穷志不穷。

略式拈连是指甲事物中的拈连词语省略，拈连词语在乙事物中必须出现，可以借助上下文加以判别。例如：

（1）我只是伫立凝望，觉得这一条紫藤萝瀑布不只在我眼前，也在我心上流过。

（2）薛倩住乡下，薛莹住城里，姐弟你来我往，这条元宝船维系着，船尾一把橹，橹片浸没在水里，摇过了数十年茫茫生活。

例（1）省略了甲事物中的拈连词"流"，例（2）省略了甲事物中的拈连词"摇"。

3. 拈连的语用价值

拈连形式新奇，促人联想。运用拈连可以从事物的表面，引入事物的实质。运用拈连能够取得语言生动、别致、含蓄、风趣、简练的修辞效果。

（二）移就

1. 什么是移就

移就是把原来属于形容甲事物的修饰语移用于乙事物，移就是把本不能修饰该事物的词语用于修饰该事物，因此移就是一种超乎常规的语言现象，是词语搭配的创造性运用。例如"苍白的思想""绿色的回忆""幸福的泪水""欢乐的篝火"等。

2. 移就的类型

移就可以分为移人于物、移物于人、移物于物三种，以移人于物最为常用。

移人于物是把描写人的词语移用来描写物，从侧面衬托人的思想感情，增强语言的表达效果。例如：

（1）她们被幽闭在宫闱里，戴个花冠，穿着美丽的服装，可是陪伴着她们的只是七弦琴和寂寞的梧桐树。

（2）多情的月光，从窗口斜射进来，在房间里越拉越长。

例（1）"寂寞"本是人的一种感受，现在用来描写物"梧桐树"，以正面衬托"被幽闭在宫闱里"人的孤寂。例（2）姑娘对小伙子萌生了爱意，在她看来，窗前的月光也是多情的，"多情的月光"这一移就寄情于月，准确地揭示了人物的内心世界，使语言充满了诗意。

移物于人是把描写事物的词语有意识地移用来描写人，移物于物是把修饰甲事物的词语有意识地移用来修饰乙事物。例如：

（1）吴荪甫突然冷笑着高声大喊，一种铁青色的苦闷和失望，在他酱紫色的脸皮上泛出来。

（2）辽阔的呼伦贝尔，甜蜜的湖光山色。

例（1）"铁青色"本是用来写物的，这里用来写人的心情"苦闷和失望"，将肖像描写和心理描写融为一体，使语句显得简洁生动、深刻有力。例（2）"甜蜜"本来是形容物品的味道，这里移用来修饰另一种事物"湖光山色"，写出了"湖光山色"的赏心悦目。

3. 移就的语用价值

移就的运用，能使文章简洁有力、生动活泼。无论是借物写人，还是借物状物、托物抒情，都能收到以少胜多、含蕴深远的表达效果。通过词语的移用，将人的情绪、状态同事物联系起来，不需要耗费更多的笔墨，极其简练地把人的情绪、思想、性格鲜明地表达出来，或将事物的形状、本质凸显出来，使语言出奇制胜，富于变化，饶有情趣。

（三）拈连与移就的区别

拈连与移就同属于词语的移用，都是语言的超常搭配，但二者也有明显的区别。

拈连以上下文的关联为条件，将上文描写具体事物的词语拈来，用于下文的抽象事物，没有上下文的常规搭配，就不能构成拈连辞格；而移就则不以上下文语义关联为条件，只把适用于甲事物的词语移植来修饰乙事物。用来拈连的词语通常前后两次使用，一般构成动宾词组或主谓词组；而移就所移的一般是修饰语。

六、双关和反语

（一）双关

1. 什么是双关

双关是借助于语境的特定条件，故意让语句表面上说的是一个意思，实际上说的是另一个意思，即所谓言在此而意在彼，后一个意思往往是主要的。

古代的文学作品，尤其是诗歌中常运用这一手法。刘禹锡的《竹枝词》一直为人们所传诵："杨柳青青江水平，闻郎江上唱歌声。东边日出西边雨，道是无晴还有晴。"其中"晴"暗指"情"，一语双关。再如：

（1）实不相瞒，天仙的名气是吹出来的。（电扇广告）

（2）人类失去联想，世界将会怎样？（联想集团电脑广告语）

2. 双关的基本类型

双关有语义双关和谐音双关。

语义双关是指根据词语的意义进行关联所构成的双关。例如：

（1）我从昆明到重庆是飞的。人们总羡慕海阔天空，以为一片茫茫，无边无界，必然大有可观。因此以为坐海船坐飞机是"不亦快哉"！

（2）可是匪徒们走这十几里的大山背，他没想到包马蹄的麻袋片全踏烂掉在路上，露出了他们的马脚。

例（1）"不亦快哉"的"快"原来是痛快、高兴的意思，这里指速度快。例（2）"露出了他们的马脚"，一方面实指马的脚，一方面又与惯用语"露马脚"双关，指诡计败露。

还有用一句话关涉两个对象，即平常说所的"指桑骂槐"，也属语义双关。

谐音双关是指利用词语的音同或音近所构成的双关。例如：

（1）有一个商品推销员去广州出差，到北京后，由于想乘飞机前往，因怕经理不同意报销，便给经理发了一封电报："有机可乘，乘否？"经理接到电报，以为是成交之"机"已到，便立即回电："可乘就乘。"

(2) 纪晓岚、和珅同朝为官，纪晓岚任侍郎，和珅任尚书。一次二人同饮，突然外面跑来一只狗。和珅突生一计要取笑纪晓岚，便问："是狼是狗？"纪晓岚知道尚书在捉弄他，当下就不动声色地说："分辨狗与狼要看它的尾巴，尾巴下垂是狼，上竖是狗。"

例（1）"有机可乘"是利用"飞机"和"机会"的"机"同音构成谐音双关。例（2）利用"是狼"与"侍郎"音同、"上竖"和"尚书"音近构成谐音双关。

3. 双关的语用价值

双关辞格体现出汉语表达的含蓄美，不仅在诗歌、广告等文体中广泛运用，在日常口语交际中也会经常使用。运用双关，可以使语言表达诙谐幽默，含蓄委婉，生动有趣，耐人寻味。运用双关来刻画人物，能够反映出人物的幽默和机智。

（二）反语

1. 什么是反语

反语是指故意使用与本来意思相反的词语或句子来表达本意，也叫"倒反""反话"。例如：

（1）买很贵的礼物送人，"不小心"忘记撕标签，那是小聪明的花招，不是马虎。

（2）还有几位"大师"们捧着几张古画和新画，在欧洲各国一路地挂过去，叫作"发扬国光"。

2. 反语的基本类型

反语可以分为"以正表反"和"以反表正"两类。

以正表反是用褒义的、称赞类的词语来表达相反的意义。例如：

（1）妹妹的胆子可真大，就是一只猫也会把她吓得赶快跑到妈妈的身后躲起来。

（2）有几个"慈祥"的老板到菜场去收集一些菜叶，用盐一漫，这就是他们难得的佳肴。

以反表正是用贬义的、消极意义的词语来表达相反的意义。例如：

男孩亲了女孩一下，女孩佯装生气地说："你好坏呀！趁人不注意搞小动作。"

例中的"你好坏呀"是反语，实际是说"你真好"。

3. 反语的语用价值

运用反语，有时比正说更有力量，往往能够增加语言的幽默感和讽刺性，起到特殊的表达效果。反语常用于文学作品中。嘲讽性的反语，往往用谈笑的口吻，代替愤怒的声音，它常常抓住对方的弱点，给以嘲讽，使对手陷入尴尬的境地，读起来使仇者痛、亲者快。

风趣性的反语，可以制造轻松活泼的氛围，表达亲昵、喜爱的感情和幽默诙谐的情趣，让人感到亲切。

七、夸张和反复

（一）夸张

1. 什么是夸张

夸张是出于表情达意的需要，对描述的客观事物故意"言过其实"，加以夸大或缩小。夸张是我国古典诗文中常用的修辞方式，现代口语中也经常运用。例如：

（1）白发三千丈，缘愁似个长？

（2）公共汽车上很拥挤，别人的骨头都嵌进了自己的肉里边。大家都在互相抱怨。一位老兄感叹道："喂，朋友们，大家都吸一口气，缩小些体积，我挤得受不了啦，快成相片了！"

（3）想打个"新年好"，等发出去该吃月饼了。

例（1）极言"人的愁绪"，例（2）极言"车的拥挤"，例（3）极言"打字速度之慢"。

2. 夸张的类型

夸张可以分为扩大夸张、缩小夸张和超前夸张。

扩大夸张即把事物的某种属性加以放大。例如：

（1）当他拭着泪水难为情地朝大家微笑时，他看到许多人的眼睛都润湿了，于是他不再克制，纵情任眼泪像瀑布般直泻而出。

（2）前面隐隐有人影，玛金更加小心了。她站在暗处不动，满身是耳朵，满身是眼睛。

缩小夸张即把事物的某种属性加以缩小。例如：

我们家那个巴掌大的地方，身子都转不开。

超前夸张是指在两个事件之中故意把后出现的事件说成是先出现或是同时出现。例如：

（1）酒未沾唇，人已先醉了三分。

（2）天气太热啦！昨天买了筐鸡蛋，到家变小鸡了！买了个凉席，一睡变成电热毯了！汽车不用点火自己发动了！在路上遇到个陌生人，相视一笑，变熟人了！桌子太烫，麻将刚码好，居然糊了！

3. 夸张的语用价值

夸张的事物虽然不是生活真实，却源于生活真实，超出生活真实，能提高语言表达的力度，取得突出强调的修辞效果。运用夸张，情感突出，感染力强，形象鲜明，给人的印象极其深刻。日常生活中，经常使用夸张的手法，能够增添生活的斑斓色彩，给人们带来轻松愉快感。有的漫画也运用了夸张手法，例如《中国人口报》上有一幅题为《老师的点名册》的漫画，画的是课堂上老师在点名，口中念出一连串的名字："张招弟！李来弟！赵盼弟！王思弟！孙念弟！肖想弟！杨希弟！龙望弟！唐引弟！金要弟！黄等弟……"漫画没有任何解说，只是把某一类名字夸张地罗列在一起，其背后反映的是传统生育观念，通过这一夸张的漫画对该社会现象进行批评。

（二）反复

1. 什么是反复

为了突出某个思想，强调某种感情，特意重复某个词语或句子，这种辞格叫反复。例如：

(1)"有了凉风！有了凉风！凉风下来了。"大家都嚷着，几乎要跳起来。

(2)你到底爱不爱我，爱不爱我，爱不爱我。(零点乐队词曲《爱不爱我》)

(3)用了世界上最轻最怪的声音，

轻轻地唤着你的名字每夜每夜。

大起来了，你的名字。

亮起来了，你的名字。

于是，轻轻轻轻轻轻地唤你的名字。(纪弦《你的名字》)

2. 反复的类型

反复的基本类型有两种：连续反复和间隔反复。

连续反复是指相同的词语或句子接连重复出现，中间没有其他词语隔开。例如：

(1)静静的，静静的，阿婆躺在那里。

(2)我不想我不想不想长大，长大后世界就没童话！

间隔反复是指同一词语或句子的反复出现不是紧紧相连，而是中间有别的词句甚至段落隔开，经常用于并列的语句或段落之中。例如：

朦胧的泪眼中，我依稀看到了村旁那长长的路，路旁那长长的小巷，巷里那根长长的竹棒，竹棒后蹒跚着一个长长的、长长的人影。

例中作者多次重复使用"长长的"这个形容词，烘托出一位母亲的动人身影，突显了作者对母亲的绵绵不绝的情思。

3. 反复的语用价值

反复和重复不同，重复是一种语病，使人感到内容贫乏，语言累赘；反复则是一种常用的积极表达手段。反复辞格能够突出思想、强调感情、增强节奏感。反复特别适宜抒发强烈的感情，因此在诗歌等文艺体作品中普遍运用，具有独特的语用价值和修辞效果。

（三）反复与排比的区别

反复着眼于词语或句子字面上的重复，排比着眼于结构相同或相似、意义相近、语气一致；反复可以是两项，排比至少是三项；反复的语用价值重在强调突出，排比的语用价值重在增强气势。

八、借代和仿拟

（一）借代

1. 什么是借代

借代是指在特定的语境中不直接把所要说的事物名称说出来，而临时借用相关事物的名称来称代本体事物。被代替的事物称本体，用来代替本体事物的称借体。古代文学作品中，借代运用广泛，如"皓首"代老人，"红颜"代少女，"长缨"代贵人，"短褐"代贫民，"管弦"代音乐，"杜康"代酒，等等。现代汉语里也经常使用借代辞格。例如：

（1）社会上流行的新型民谚"手术刀不如剃头刀"，绝不是无稽之谈。我们有多少本末倒置的怪事。

（2）天空黑沉沉，
雷声伴雨声，
河边树荫下，
有一对躲雨的情人。
大雨帮了忙，
强迫他们靠紧，
大雨帮了忙，
赶跑了那些讨厌的眼睛。

（流沙河《眼睛》）

2. 借代的基本类型

借代有的是以部分代整体，有的是以专称代通称，有的是以特征代本体，有的是以具体代抽象，有的是以结果代原因等。例如：

（1）不拿群众一针一线，群众对我拥护又喜欢。

（2）"三个臭皮匠，合成一个诸葛亮"，这就是说，群众有伟大的创造力。中国人民中间，实在有成千成万的"诸葛亮"，每个乡村，每个市镇，都有那里的"诸葛亮"。

（3）大衣哥向社会捐助 157 万元。

（4）好吧，咱们多勒勒裤腰带吧!

3. 借代的语用价值

运用借代，能够突出事物的本质特征，增强语言的形象性，使文笔简洁精炼，语言富于变化和幽默感；通过借代，引人联想，突出形象，特点鲜明，具体生动；运用借代，可以避免单调重复，给人以新鲜感。

4. 借代与借喻的区别

借代和借喻有一共同点，即本体都不出现，借另一事物代替本体。

借喻的本体和喻体之间具有某些共同的属性或特征，以此喻彼，而且可以改成明喻。借代的本体和借体之间仅仅是相互有关的事物，以此代彼，换用另一种说法，不能够改成明喻。简单地说，借代所关注的是事物的相关性，而借喻所关注的是事物的相似性。

（二）仿拟

1. 什么是仿拟

仿拟是指对现成的词语、句子加以改造，仿造出一个临时性的"新"词语或句子。例如：
(1) 默默无蚊的奉献。(蚊香广告)
(2) 那几年，我不就被改造成家庭妇男了吗？不信，你们问文婷，我什么不干？什么不会？
(3) 满纸废号码，一把辛酸泪。都云彩民痴，谁解其中味？

2. 仿拟的基本类型

仿词可分为仿词和仿句两类。

仿词是对现成的词进行仿造，如"地才、老细、郎财女貌"等都属于仿词。再如：
(1) 新版《十万个为什么》一套近千元，对工薪家庭来说真是望书兴叹。
(2) 娘子：那还能不填上吗？留着它干什么呀！老太太，对街面上的事您太不积极啦!

大妈：什么鸡极鸭极的，反正我沉得住气，不乱捧场，不多招事。

仿句是对现成句子进行仿造。例如：
(1) 才不在高，有官则名；学不在深，有权则灵。
(2) 风萧萧兮股市寒，钞票一去兮不复还！

3. 仿词的语用价值

运用仿拟，映照对比，语言新鲜，言简意赅，风趣幽默；运用仿拟，让人们感觉"耳熟"，因此能够吸引人们的注意力，易于被人们接受；运用仿拟，要注意自然、贴切，不能乱仿乱造。

九、设问和反问

（一）设问

1. 什么是设问

无疑而问，自问自答，以引导读者注意和思考问题，这种辞格叫设问。也就是明知故问。设问出现在汉语教材中的次数较高，属于对外汉语教学中的高频辞格。例如：

（1）虚和实的关系，也就是理论和事例的关系。理论从哪里来？从事实中来。事实从哪里来？从观察中来，从实验中来。

（2）为什么我的眼里常含泪水？因为我对这土地爱得深沉……

2. 设问的语用价值

设问是一种应用较广的辞格。有的文章直接用设问作标题，能吸引读者，启发读者思考，更好地服务于文章的中心思想；有的用在文章的一段或一节的开头或结尾，能起到承上启下的过渡作用。至于在说理文章中，为了使论证深入，在关键性的内容上，设问说理，更是行之有效的办法。不管设问出现在文章的哪部分，也不管它以什么形式出现，总体来说，它的作用是：提醒注意，引导思考；突出某些内容，使文章起波澜，有变化。

（二）反问

1. 什么是反问

反问又叫激问，是由只问不答、无疑而问的句子构成的辞格。反问的答语隐含在问句里，否定句用反问语气说出来，就表达肯定的内容；肯定句用反问语气说出来，就表达否定的内容。例如：

（1）你不是我的口语老师吗？

（2）他只学了半年中文，哪里能听得懂？

2. 反问的语用价值

反问句的基本意思与其相应的陈述句相同，但两类句子在表达效果上有很大差异。反问句语势强烈，比陈述句更有力量。反问句在论辩中用得很频繁，使用反问句可以加强语气，强调观点，构成心理上的优势，营造使对方紧张的气氛。教师在教学时需要提醒学生注意反问句的使用场合，不然有时会显得生硬、不太礼貌。比如在对外汉语教学中，有时会出现这样的情景：老师在课堂上提问"图书馆在哪儿？"学生答道："我怎么知道？"老师要求学生交作业，学生回答："我不是交过了吗？"这种语言让人听起来很生硬，感觉不舒服，但学生并不知其所以然。

（三）设问与反问的区别

设问和反问都是无疑而问。但是二者有明显的区别。设问不表示肯定什么或否定什么，反问明确地表示肯定或否定的内容。设问主要是提出问题，引起注意，启发思考；反问则主要是加强语气，用确定的语气表明作者的观点。

十、析字和析词

（一）析字

1. 什么是析字

字有形、音、义三方面，把所用的字从字形、字音、字义三方面进行解析，看别的字有一面同它相合相连，随即借来代替或推衍上去，形成析字辞格。析字是汉语独有的一种修辞格。例如：

日月明朝昏，山风岚自起。石皮破仍坚，古木枯不死。

例诗句依次对"明""岚""破""枯"四字分别进行了析字处理，诗意连贯，构思巧妙，匠心独运。

2. 析字的类型

析字可分为析形、析音和析义三种。例如：

（1）品泉茶三口白水，竺仙庵两个山人。

（2）千里草，何青青。十日卜，不得生。

（3）改良！改良！越改越凉，冰凉！

（4）霁月难逢，彩云易散。心比天高，身为下贱。风流灵巧招人怨。寿夭多因诽谤生，多情公子空牵念。

例（1）和例（2）是析形。例（1）是浙江杭州西湖竺仙庵的楹联，上联拆"品"为"三口"、拆"泉"为"白水"，下联拆"竺"为"二个"、拆"仙"为"山人"，意境清新，耐人寻味；例（2）是把"董卓"分别拆分为"千里草""十日卜"。例（3）是析音，借"良"之音推演出"凉"之意。例（4）是析义，是利用汉字字义的特点、通过代换、牵连、演化等手段构成的析字；"霁"是雨后天晴，"霁月"为雨后月出，演绎为"晴"，"彩云"是成花纹的云彩，推演成"雯"，合之为"晴雯"；全诗揭示了晴雯的命运。

3. 析字的语用价值

析字修辞是建立在汉字独特形体和汉文化深层结构这个条件之上的。历代文人雅士充分利用并发挥了汉字和汉文化水乳交融的这种特长，对析字修辞的灵活运用生生不息，扩充到各个语用领域，诗词、谜语、对联、姓名等方面运用析字较为常见。运用析字，表达含蓄，增添言语表达的情趣。

（二）析词

1. 什么是析词

析词是指根据表达内容和创造艺术形象的需要，临时把多音词或成语熟语拆开使用的方法，也有人称为"拆词"。例如：

（1）不懂得路就问路，不认得的事物就请教。谦而不虚，采用老实的办法，狂而不妄，采取认真的态度。

（2）"老大难"，"老大"一抓就不难。

例（1）中把"谦虚""狂妄"拆开来用，例（2）是把"老大难"拆开来用。

2. 析词的语用价值

析词是词语的一种变异用法，超常规的语言组合结构是语言幽默氛围的骨架，词语拆开使用，其结构形式发生了变异，语义产生了偏离，从而与听读者的语言经验、审美观念形成矛盾冲突，产生新颖幽默的表达效果。析词具有增强语言的周密性和逻辑力量的表达功能，具有严谨、简洁、幽默、风趣的表达效果，特别适宜对事物或现象进行评说，因而在政论语体、文艺语体等语体中广泛运用。

第四节　语体、文化与修辞偏误

一、语体

（一）语体及其类型

语体，是指人们在进行特定的交际任务过程中所逐渐形成的不同的语言风格类型，它是语言发展到一定阶段的产物，而且是随着社会交际领域的不断发展而逐渐发展变化的。

语体又称言语的体式，它是在语境类型作用下的言语功能变体，在特定语境类型中表现出来的使用语言材料特点的体系。语体适应各种言语环境的表达要求，具有各种相应的表达功能。

语体是话语风格层次的功能分类。所以，国外语言学界把语体称为功能风格。比如，要表达"高温""天气热"的意思可以有以下多种说法：

(1) 咳！真热死人啦！（日常生活领域）

(2) 赤日炎炎似火烧。（文学创作领域）

(3) 今日最高气温三十八摄氏度（天气预报——事务领域）

(4) 最高气温：38℃。（天气预报书面——事务领域）

(5) 今年7月21日至31日的平均气温达到36.9℃，为110年中的同期最大值。（科技领域）

上面例子后面括号内的文字是语境说明，在不同的语境中话语具有各自的特点。这些特点并不是全民语言的语音、语义、词汇和语法体系以外的东西，而是在使用全民语言材料方面呈现出的各种不同特色。也就是说，在选词、选句、修辞方法、言语方式等方面各不相同。另外，在同一语境中表述不同的概念、不同的内容时，又可以在使用语言材料方面找到共同之点。

从语言的交际方式和功能出发，可将语体分为口语语体和书面语体两大类。口语语体主要指人们日常交谈所用的语体，在即兴式的讲话以及话剧、电影、相声、评书及其他说唱文学中也常用。书面语体主要是指以书面形式出现的供人阅读的文章所用的语体，它又可粗分为事务语体、政论语体、科技语体和文艺语体四种类型。

（二）口语语体和书面语体

1. 口语语体

口语语体中表现感情色彩的词的后缀成分、表现情态作用的重叠成分和表现语气口吻的语气词、感叹词一般也用得较多。比较下面两段话：

(1) 蔚蓝的天空，没有一丝云。一条潺潺的溪水从卵石中间穿过，卵石在清澈的水中忽隐忽现，清晰可见。溪边端坐着一位长者，面庞清癯，双目炯炯有神！

(2) 嘿，这天可真蓝哪！一点儿云彩也没有。有一条小河哗哗啦啦地流着，这水可清亮啦！水里有好多圆石头，像鸡蛋似的，人们都管它叫卵石，这些卵石在水里可以看得清清楚楚！小河边上坐着一个老头儿，长得虽然瘦，但显得挺结实，那双眼睛可有精神啦！

例(1)用的书面语体，例(2)是口语语体，二者存在着明显的差异。例(2)是针对儿童，把书面语口语化，把书面语用词改为口语词，增加一些口语色彩较浓的词语，如叹词"嘿"，语气词"哪、啦"，语气副词"可"等，有利于儿童感知和接受。

对于音节较多的专门名词，口语里常用简称。如把"全国高等学校统一招生入学考试"简称为"高考"。

口语中词语的重复使用，也是口语语体的特征之一。重复的目的，一是怕对方没听清，二是为了加强自己的语势。下面这段送客的对话里就有大量的重复词语，我们听起来感到自然亲切，如果没有这些重复的词语，反倒会觉得"不成话"：

主人：啊，怠慢，怠慢。

客人：谢谢，谢谢！打扰，打扰。

主人：哪里哪里，欢迎有空常来。

客人：好的，好的。好了，好了，请留步，请留步。

主人：您走好！再见再见！

再说句式，灵活自如、简短明白、语序多变是口语句式的三个主要特征。口语语体主要是说给别人听的，句子一般都比较简短，容易一下听明白，不大有结构复杂的长句。

在具体的交际过程中，对话双方可以借助于环境、动作、表情、语调等辅助手段来表情达意，有时语言可以精炼简缩到最低限度。在口语语体中，句中成分常有省略，最常见的是省略主语。据统计，口语中省略主语的单句和复句，往往占所用全部句子的百分之七八十。此外，口语语体还经常应用其他一些省略表达方式，主要有三种类型。

一是通过紧缩语言成分把复句变成单句形式的紧缩句。如"不说不笑不热闹"（如果不说不笑，那就不热闹）。

二是借助手势来省略词语，有时用来暗示某种事物。例如：

甲：把门儿的不太客气。"票？"（摇头）"没有！"

乙：你买呀。

甲：嗯。（指兜儿）也没有。

（侯宝林《空城计》）

三是根据具体语言环境作跳跃式的语意省略。口语语体中，语序有较大的灵活性。易位句式不仅在数量上远远超过书面语体，而且易位的方式也灵活多变。最常见的是说话人往往下意识地把某种需要强调的意思或某种急于要传达的信息放在前面来说，而将按常规应放在句首的成分作为随后的补充，这种带有补充意味的后置成分，在口语中一般都轻读。例如：

（1）去不去，你到底？

（2）明天见，咱们。

2. 书面语体

书面语体是在口语语体的基础上发展形成的，它是口语语体的加工形式。一般说，书面语体在用词造句上比口语语体有较为严格的规范，它在表意方式上也比较精确严密。

传统的书面语体包括科技语体、文艺语体、事务语体、政论语体。

科技语体服务于科学、技术和生产领域。具体地说，数学、物理学、化学、生物学、天文学、地理学、文艺学、历史学、语言学、哲学、逻辑学等理论科学以及与之相适应的应用科学、生产技术的言语作品都要用科技语体来表述。

科技语体一般都不注重语音修饰，科技语体的表征主要体现在用词倾向和句法形式上。术语、行业词语是绝对的主体词语。科技语体也常用外文词语形式。科学没有国界，科技领域绝大多数概念具有国际性质。许多科技术语是世界通用的，再加上英语居于世界语言霸主地位，所以，科技体中英语单词、字母缩略词会大量涌现。句式以主谓句形式为主，以完整形态出现，复句较多。句类则以陈述句为主，兼用疑问句。辞格运用不丰富，主要是比喻、设问、引用等。

文艺语体是为了适应文艺创作的特定目的和特定要求而产生的，它为创造艺术形象服务。文艺语体的功能是通过艺术形象反映客观世界，再现活生生的社会生活图景，抒发感情，表现思想，并给交际对象以美的享受。散文体、诗歌体、对白体是文艺语体内部的三个分体。散文体适用于各类文艺性散文、小说；诗歌体适用于诗歌、快板、唱词等韵文；对白体适用于戏剧以及其他文学形式中的人物对话。

事务语体一般适用于公众行政事务领域，有特定的公文程式，又称为公文事务语体。由于行为的目的性，有一些"文本结构词"，如"为了、关于、对于、根据、按照、函复、如下、当否、莅临"等。

在词汇方面，书面语体所用的词汇量要比口语语体多。一方面是由于书面语体中包含大量表示抽象概念的专门术语（如内涵、外延、入超、出超、威慑、公诉、洽谈等），这在口语语体中是很少用的；另一方面，即使是表现日常生活内容的词语，书面语体除了运用口语语体中通用的大量单音词外，还常常使用与之对应的一套双音节词，如观看(看)、打扫（扫）、丑陋（丑）、书籍（书）、树木（树）等。此外，书面语体中还常常保留着不少古汉语成分，一些古语词在口语里已经不用，但书面语里仍在使用。

在句式方面，书面语体与口语语体的差别更为显著。如果说口语语体的句式是以自然、简短、灵活、生动为特征，那么，书面语体的句式则一般比较舒展、严密，更多地讲究整齐、对称。

（三）语体的新分类

随着语体的发展，已有的语体分类中的杂糅、彼此包含的现象愈发明显，华东师范大学教授胡范铸曾提出语体新的类型，即把语体分为口语语体、文艺语体和书卷语体。

口语语体具有较高的语境化特征，包括非正式的闲聊、市场叫卖语言等以及讨论、即兴演讲等语境中的言语活动。

文艺语体具有丰富的语境言语活动，语言中的标点、文字、词语、句式、语调、造型等各种可能性要素都可以用来形成文艺语体的特征。包括口语化、动作化明显的对白体；

叙事为主，语体丰富的散文、小说等的散文体；抒情为主，追求形式美、韵律美、情感化的诗歌体。

书卷语体具有较低的语境性，对语境的依赖性较小，包括最典型的严谨的科学体，公文、大众应用文类型的应用体，广告、新闻、评论之类的宣传体。

二、修辞与文化

对外汉语修辞学是在中外修辞主体依据汉文化语境，有意识、有目的地建构和理解话语，以取得理想的交际效果的一种跨文化言语交际行为。不同民族文化中的修辞表达方式的差异容易造成交际中的误解。

在对外汉语教材中，常常出现简单的词语、简洁的句法关系却造成不得体的交流话语。比如有留学生常常会对老师说："老师，我想找您谈话，您什么时候有空？"

"谈话"这个词语，在汉语文化中，是上对下的语言使用，其使用违背了尊上的文化规约。

（一）文化与修辞的关系

修辞特征与文化思维是紧密联系的。修辞体现着不同文化的特征，文化制约着修辞的表达方式。

在汉语文化中，有多种因文化的民族性而体现出的不同的修辞表达。汉语的数字有不同的修辞，比如"七"和"八"连用表贬义，"四"和"八"连用表褒义。以对称平衡为美的汉民族文化，产生的对偶修辞兴盛不衰，具有独特民族性的对联，是在对偶修辞基础上产生的，在各种场合随处可见，是体现民族认同感和亲和力的重要因素。

在汉文化基础上形成的汉语修辞，是传播与弘扬汉文化的重要手段。汉语的同音现象非常多，使得运用汉语的语言使用者的同音联想能力突出。以某个语音为基础，把语义上毫不相干的同音词语进行非逻辑性的联系，是汉语修辞常用的修辞手段。有的谐音联想给人带来无尽烦恼，如人名，孙奇概（孙乞丐），朱一佳（猪一家）等。但更多的同音词语的联想，却常常起到点石成金的效果。如北京胡同名称的谐音改造，"羊尾巴胡同""猴尾巴胡同""干鱼胡同""打劫胡同"分别改造成"扬威胡同""侯位胡同""甘雨胡同""大吉胡同"等，修改之后，变俗为雅。

（二）跨文化修辞表达差异性

在跨文化教学中，因文化导致的语言运用上的问题颇多。留学生常以他们的文化认知，对汉语语用修辞现象问个不休。

在西方文化中，不论年龄，是可以直呼姓名的，但在汉语文化中，如果直呼长辈姓名，是不符合汉语文化中的礼貌原则的。

汉语中描述雨的时候，常有"大雨""瓢泼大雨""倾盆大雨"等的表达方法，英语中的描述是"heavy rain""rain cats and dogs"等，在跨文化交际中，因文化的不同常常导致翻译不对等的语言运用。

下面对话说明：一是汉语有其自身的特点，与别的语言之间不能简单地对等转换；二是汉语有基于民族文化特点形成的自身表达手段。

英国人：下雨？

中国人：对，下雨。（不一会儿，雨下大了）

英国人：下重雨？

中国人：是下大雨。（又过一会儿，雨下得更大了）

英国人：下大大雨？

中国人：不是，是下暴雨。（后来雨下小了）

英国人：（满有信心地）下小雨。

中国人：是雨小了。（后来雨更小了）

英国人：（很得意地）下小小雨了。

中国人：是下毛毛雨了。

英国人有些茫然，指着桌子上的袖珍词典说，请把你的毛毛词典借我用一用吧！

再比如中西方打招呼的差异：

美国人：You look beautiful today.

中国女士：Where, where.

美国人：Everywhere.

"You look beautiful today"是西方文化中男士称赞女士的常用语，"哪里，哪里"是中国人接受称赞时的谦虚反应。按照西方文化的模式，"称赞—接受"是固有模式；按照中国传统文化，"称赞—谦虚否定"是固有模式，但汉语谦辞"哪里，哪里"在英语中没有完全对等的翻译，而"Where, where"的谦辞否定置于美国男士一种尴尬，但又巧妙幽默地回答了"everywhere"。

在跨文化交际中，因中西文化的不同，常体现出明显的差异性。关注跨文化交际环境中的修辞表达，是实现不同文化背景下和谐语言环境的重要因素。

（三）修辞方式体现的汉文化

汉语的修辞特征深深植根于传统文化中，不少修辞方式从使用之初就渗透到汉语的某些词语中。如"铁饭碗、丧家犬、一帆风顺、孤掌难鸣、碰钉子、半途而废"等词语的产生，与"比喻"修辞方式紧密相关；"火红、冰冷、金黄、雪白、火热"等二字形容词，"如鱼得水、如饥似渴、如火如荼、冰清玉洁、铁证如山"等四字成语，皆是由"比喻"修辞方式直接形成;"沉鱼落雁、海枯石烂、翻天覆地、七窍生烟、排山倒海"等四字成语,均与"夸张"修辞方式关系密切;"得鱼忘筌、饱食终日、业精于勤、冒天下之大不韪、过犹不及、近水楼台"等,与"引用"修辞方式关系密切。

在汉语长久以来的文化中,处处体现修辞方式与汉文化的融合,除以上所提到的"比喻""夸张""引用"等修辞方式促使汉语词语形成以外,其他如"婉转""借代""互文"等修辞方式在词语形成中也是重要手段。

在对外汉语教学中,也常常会涉及修辞方式与汉文化的关系。在教学中遇到"炒鱿鱼""跑龙套""气管炎""吹牛皮"等用法,但从字面意义是无法向学生讲解清楚的,需借助修辞构词方式,从文化语源的角度进行解析,才能使学生真正了解和把握。

三、修辞偏误

在跨文化交际和第二语言运用中,如果只懂得和掌握语言技能而不懂得目的语使用的社会文化规约,也就难以完成交际任务,甚至造成文化冲突。有人曾打过一个比方,掌握了听说读写的技能,就像一个司机掌握了驾驶技能,但是如果不懂或违反了交通规则,就难以完成交通任务,甚至造成交通事故。这就好比掌握听说读写而没有得体运用修辞,就会造成修辞偏误的道理是一样的。修辞通常出现在中、高级水平的对外汉语教材中。但我们看到,汉语教材从初级到中、高级一直重视的是语法知识等的学习,修辞教学是对外汉语教材中的弱项,以至于修辞偏误现象经常出现。

(一)常见的修辞偏误类型

1. 同义词偏误

同义词是留学生汉语学习中的一个重点和难点。汉语中的同义词语数量繁多,常会出现同义词使用错误的现象。如"我喜欢在海边晾着太阳看着书"(作文用例),这句话正确的说法是"我喜欢在海边晒着太阳看着书"。"晾"和"晒"是近义词。可以说"晾(晒)衣服""晾(晒)玉米"等,"晾"和"晒"在上面说法中都可以使用,但只能说"晒太阳"而不能说"晾太阳"。

2. 句式偏误

句式教学是语法中的重要任务之一,但只知正确的句子,忽视句式附带的感情色彩,常会出现语言错误。

如学生作业中出现:"如果没有父母的教训,现在肯定没有这样的我。"

这句话没有语法上的错误,但表达别扭,不具有汉语的修辞特色。如果进行修改,可修改为"如果没有父母的教训,也就不会有我的今天"或者"如果没有父母的教训,也就不会有今天的我"。在高年级留学生作文写作中，诸如此类的话语表达不当的情况并非个案，值得注意。

再如老师和学生的对话：

老师：你知不知道大卫为什么没来上课？

学生：我怎么知道？

学生想强调"他完全不知道"的含义，但不清楚反问句常带有态度不友好的色彩。

3. 语体偏误

语体偏误也是留学生学习汉语时常常出现的问题，常表现为口语语体与书面语语体的混用。如一学生口头介绍"我的爸爸"，这样说："我爸爸从事开出租车的工作从事了十五年了。"

从语法层面讲，这句话符合"动词+宾语+动词+了+时量补语"格式，但就口头语体与书面语语体层面而言，"动词+了+时量补语+宾语"更符合口语表达；从词汇层面讲，"从事"一词书面语色彩较浓，造成了书面语语体与口语语体的混用杂糅。上面这句话的常规表达是"我爸爸开了十五年的出租车"。

4. 文化层面偏误

语言负载着丰富的文化内涵，文化影响着语言的表达。文化与语言的关系唇齿相依，是修辞中的一个重要内容。在学习语言时，如果不能理解语言背后的文化，也常常会出现表达偏误。例如：

我在贵校的四年学习生活就要结束了，在这激动的时刻，我们首先要感谢贵校的老师。(毕业典礼留学生代表发言)

敬语和谦语是一种社会文化现象，例子中的"贵校"是一种敬语，但用在这个例子中并不合适。留学生代表此时的身份就是学校的一员，是属于这个学校的，用"贵校"是不合适的。

（二）修辞偏误原因

在对外汉语教学中，出现话语不当或修辞失范，一个重要原因是对目标语言运用过程中的文化规则缺少了解，另一个原因是修辞能力欠缺。

1. 语义指向造成的修辞偏误

汉语中，同样的表层结构却可能有不同的语义深层结构。"晒衣服"和"晒太阳"都是动宾结构，但前者"衣服"是"晒"的受事，后者"太阳"是"晒"的施事，即"晒"的宾语可以是受事，也可以是施事。而"晾"的宾语只能是受事。虽然"晾"和"晒"都有"在阳光下吸收光和热"之义，但却不能通用。汉语词语的构成是多层次的，在对外汉语词汇教学中，掌握同义词语的差异性是避免使用偏误的注意事项之一。

2. 文化理解偏差引起偏误

学习一门语言，不仅要学习语音、词汇和语法，也要学习相关的文化。很多修辞格的表达如比喻、夸张等，皆是长期的言语活动形成的，带有强烈的民族文化色彩，具有中国人长期以来形成的审美价值观等。说母语的主体会有意识或无意识地遵循这种已有的表达模式，说出得体的话语，而留学生由于缺乏相应的文化底蕴，对诸如比喻、夸张等辞格缺乏了解，常会出现使用偏误。例如：

（1）她这个人是刀子嘴，豆腐心，别理她。

（2）甭提他，他回来，我要不跟他拼命，我改姓！

这两个例子在母语为汉语的人看来，是比较容易理解的。但对留学生来讲，他们很难从"刀子嘴，豆腐心"联想到"嘴厉害，心地善良"，也很难从"我改姓"中读出"表示决心之大"的夸张说法，"改姓"在汉民族文化系统中是非常重要的事情，改姓是有辱先人的做法，常用来表示做某事的决心。留学生不了解这种文化背景，就很难理解这个句子的意思。

早在20世纪80年代，北京语言学院原院长吕必松就已明确提出，修辞是对外汉语教学的内容之一。21世纪初，国家汉办编写的《高等学校外国留学生汉语言专业教学大纲》明确提出，修辞是"汉语知识教学"的内容之一，规定"通过对汉语言知识，包括汉语语音、词汇、语法、修辞、汉字及语言基础知识的讲授及训练，使学生具备系统完整的汉语言理论知识"。这些无疑都是正确的，有远见的。理解修辞表现的特殊的形式变化及其意义，需要有相关的语言知识和文化知识，留学生学习汉语，不仅要掌握语音、词汇、语法知识，而且需要掌握文化知识和修辞知识。

第五章　现代汉语语法教学

第一节　语法教学的基本原则与操作方法

汉语作为第二语言的语法教学与母语语法教学的本质差异归根结底取决于教学对象，其教学对象具备以下特点：一、学习者头脑中至少建构了一套语言结构——母语/第一语言，所建构的语言结构系统必然影响到汉语学习——出现中介语、正负迁移、偏误等问题，为此教学一定要突出针对性。二、学习者多属成年人，已具有一定知识能力背景——母语语言知识系统、对客观世界、事物的认知基础、逻辑思维能力、分析解决问题能力、人文理解能力等，这些是汉语学习过程中认知、类比、衍推、迁移的渊源所在，为此教学要体现认知性、类比性、衍推性。三、第二语言学习主要不是生存的需求，多是因为特别的目的——学习、工作、研究、非母语国域的生存、兴趣、好奇、时尚等，学习具有专门性和任务性特征，需要学习者学习意志、学习兴趣的支持，由此教学特别需要激发学习者的学习兴趣。四、第二语言学习跟第一语言一样——掌握交际工具，因此教学要以实用性为第一位，不苛求语言体系、系统的完备，针对实际情况和需要择要择需教学。

为此，对外汉语语法教学要根据特殊的学习对象及其需要，根据其母语独特的区分世界的范畴和语言特点，根据第二语言习得特有的规律，确定语法体系、教学内容和方法策略。

一、语法教学的基本原则

要突出对外汉语语法教学的特点与需要，至少应该遵循以下八项最基本的原则。

（一）实用原则

实用原则直接体现在语法教学项目的选择与处理上。对于第二语言学习者来说，以下语法内容最有教学价值：1.最基本、最常用的—范的、典型的、普遍的；2.最容易发生偏误的；3.语法项用法上具体的适用条件和限制条件。实用原则是统领性原则，各角度的实用性问题具体体现在以下各项原则之中。

（二）针对原则

针对原则主要体现在三方面：针对国别语种、针对水平层次、针对语法要点。

1. 针对国别语种

包含两方面的内容：一是语言特征的差异；二是文化在语言中的渗透。

一种语言与另一种语言表现出来的差异，往往与该民族观察、认识世界的角度和特定的区分世界的范畴有关，会自然而然地从语法中渗透出来，反映到语言的选择搭配方面。语言是文化的载体，文化因素的渗透不仅体现在词义的内涵上，还体现在语法的组合聚合关系上。例如，日语中第二人称的使用率远远低于第一和第三人称，使用受到种种语用限制，如对老师、领导、尊长一般情况下不宜使用第二人称，这也许与日语语法中具有明显而完备的敬语系统有关。汉语则不同，即使已对尊长做了称谓，还会再用第二人称，这可能与汉语没有标记性的敬语系统有关，其尊敬义是非强制性的几部分的相互配合实现的。例如："老师，您帮我看看这个句子好吗？"是"称谓＋您＋动词重叠式＋问句形式"的相互配合，实现了尊敬义的得体表达。可见，语言不同，学习者对目的语语法的理解认知和产生偏误的类型也会有所不同，教师对语法项目的关注点、教学处理角度、突出要点也应有所不同。

2. 针对水平层次

水平层次涉及学习者对语法知识的理解程度和接受水平。一个语法项目用什么样的言辞表述、什么样的方法传授、讲解到什么程度都应针对教学对象而定。

初级阶段的语法教学，内容上更加适合以局部具体项为着眼点，不做更多知识性的综合；方法上，主要以点练形式为主，用浅显直白的话语做认知点拨，以练的方式实现对语法点的理解掌握。例如，结果补语教学。通过点练让学习者明白"动作的结果"是怎么回事，动作与其结果是怎样的关系。教学时充分利用学习者看得见、摸得着的东西进行。例如：老师讲的时候你们在干什么？—答：听。老师说的话大家懂了吗？—答：懂了。点拨：用一句话说——（老师说的话）我们都听懂了。

中级阶段的语法教学需对局部语法知识做一定整合。要有少量解释，让学习者了解其所以然；运用较多的比较或对比，以使知识深化；仍需以练习为主体，引导点拨掌握语法知识和局部规律。例如动补结构，需要用大量实例告诉学习者补语常常由什么样的词语充当，为什么会用这些词语配合，它们是怎样配合起来的，用动补结构与用状语或用"了"的形式在表意上有什么不同等。

高级阶段，应以提高性、补充性及综合表达的语法教学为主，需要学习一些跟语境关系密切的句式、用法，跟预设、语境、篇章有关的词语的讲解与对比，需把初、中级所学的单一、具体、感性的语法知识做相对整合，让学习者有更多理性、认知和体系性的掌握。方法上，解释的比例相应增加，以使学习者更好地理解、认知其内涵、成因、规律以及复杂的意合关系和层次关系，但仍需通过多角度、全方位、认知性的练习模式进行掌握。

3. 针对语法要点

主要体现于两方面：一是根据学习者水平层次，对语法项目进行阶段性处理，各阶段体现不同的教学要点；二是针对本阶段教学要点，做出直接针对问题点的具体教学处理——问题要点、偏误类型、手段方法、操练模式等等。要突出具体语法教学要点，备课时首先要做偏误预测。偏误预测至少可以帮助解决三方面问题：一是学习者学习该语法项目时可能会出现哪些问题；二是学习者可能是如何习得的——认知、衍推、理解；三是采取怎样的教学操练模式可以避免发生类似问题，准确掌握并得体运用该语法项目。突出针对语法要点的教学是为了避免泛泛教学，语法教学不应只站在宏观的语言学理论上，而应针对具体的用法细化教学。一个语法项目可能因为切入角度不同，所教内容、练习角度也会不同。

（三）复式递升原则

语法分布应与划分等级水平相适应，在同一层次循序渐进的同时，更要做到不同层次的循环递进。"复式递升"就是指语法难度循环性上升、重复性递增的逐层渐深的教学处理问题。"复式"是指一个语法项目在不同教学阶段的重复；"递升"是指该语法项目的重复教学不是原地踏步，而是从难度上递增渐深，成为由低到高、循环梯阶性的教学。例如，学习趋向动词，可以把它分成几个教学小阶，每个小阶都是在前一小阶基础上攀升一定难度、实现一定整合。

第一小阶，学习"上/下/进/出/回/过"等单纯实义空间趋向动词做单个动词谓语的用法。这些词表示的是人类最基本的与立体空间相关的动作，很多语言中也有类似的动词，易于理解；单谓语句结构相对简单，也易于掌握。

第二小阶，学习"来/去"做单个动词谓语的用法。"来/去"比其他单纯趋向动词表意复杂些，趋向空间与听说者位置及远近关系产生了联系，变数较多，随机性强，略有难度。

第三小阶，学习"来/去"等实义空间趋向补语用法。补语是汉语中较为特殊的一种用法，在理解和使用上有一定难度；不过"来/去"实义空间趋向与做谓语的趋向意义很接近，只是加进了方向性与动作关系的理解，所以，还比较容易理解和掌握。

第四小阶，学习"来北京旅游"之类表示目的关系连动句的用法。该句式虽属特殊结构式，但由于其语序非常接近典型的时间顺序关系类型，演示得当、引导得法，尚易掌握。

第五小阶，学习实义空间复合趋向动词做补语的用法。复合趋向动词与单纯趋向动词不同，它表示了双重趋向。故应突出两个重点：一是双重趋向的理解；一是具体动作与动作趋向的配合与关系。实义空间趋向意义相对易于理解，但选用上有一定难度。

第六小阶，学习趋向动词的引申用法。引申意义多而杂，且较虚灵，学习有相当难度。教学时要注意三点：1.采用分散、对比的教学模式，以分散难度，明确差异；2.注意难度层次，引申义由浅入深；3.做出引申脉络，让学习者有连贯性的认知——认识的联系与整合。

第七小阶，学习趋向动词的特殊用法，如"看来""看起来""看上去"等等，掌握其特定用法和语用含义，结合语境和交际目的进行专项教学。

复式递升的梯阶教学还需要注意语法项目之间的相关度与教学距离问题。如果说，"复式递升"是一个横断面的知识排列组群的话，距离原则则主要从它的纵向序位组群排列着眼。纵向排列的关联依据主要来自记忆、强化、连接等规律。一个语法点与另一个或者几个语法点所形成的组群与组群之间的衔接点要找好，点与点或组群与组群相间的距离要根据相关程度决定，相关度越高，密度越大，距离越小；相关度越低，密度越小，距离越大。根据横向、纵向关系可以构建一个语法项目或组群的矩阵系统。总之，复式递升的教学原则是把看上去分散的、独立的一个一个单一的语法项目有机地整合起来，使学习既有联系、有层次，又有衔接；既有单一语法项目的细化深入，又有整体语法知识的融会贯通，形成一个完整的语法教学系统。

（四）细化原则

对外汉语教学的实际需要和学习者提出的或出现的种种问题迫使汉语本体研究要进一步细化。语法教学时如果类属、规则、意义等关系太抽象概括，学习者的类比和衍推就容易出问题。例如，汉语动词可接处所宾语问题。汉语可以说"吃食堂"，但学习者类推成"吃面馆 / 坐食堂 / 学教室"就都错了。"走小胡同"中的"小胡同"特指"路"的类型；"走"也不是单纯"两脚前移"的方式动作，而是由"路上"通过的泛指形式，可以是"走 / 跑 / 骑（车）/ 开（车）"等。所以"走+处所词语"衍推时受到限制，与路形式有关的词可组合："走 + 人行道 / 小树林 / 河边 / 山路 / 大路 / 马路"，否则不能组合，将"走"换成"跑 / 骑（车）/ 开（车）"等也不能组合。"吃食堂""住旅馆"也是弱固化形式，代指一种生活方式，符合这一意义的能衍推，否则不能衍推。"吃麦当劳 / 肯德基 / 全聚德"可以搭配，与"住平房 / 楼房 / 草房 / 帐篷"一样，是以处所转指吃、住的类型或风格，选择、搭配均受到严格小类及特定意义的制约。所以语法教学应尽量细化到小类的选择限制条件及意合关系，从而有效杜绝学习者的类推、类比偏误。

（五）简化原则

简化原则是指将繁复、抽象、理性的语法规则或内容做简洁的、浅明的、感性的、条理的、图示的等教学处理，使语言直白易懂、内容简单浅显、方法具体直观。

汉语是一种图画语言，临摹性很强，具有具象化、外显化的特点。教学时尽量少用术语概念，多通过具体形象的实例，把语法的认知理念、规则要领融会进去，把抽象的规则浅显、简化地概括出来。如学习副词"正 / 在 / 正在"，告诉学习者"正 / 在 / 正在"只表示动作进行过程当中，不含开始和结束，故提炼规则如下：

1."正 / 在 / 正在"不能跟表示"起始"意义的"起来"结合

例如：
他正看起书来。/ 孩子们正在讨论起问题来。/ 公鸡在叫起来。

2."正 / 在 / 正在"不能跟表示已经完成或变化的"了""过"或动作结果结合

例如：
张山正起床了。/ 他正在写过论文。/ 她在擦干净桌子。

3."正 / 在 / 正在"句的动词后不能接表示时间段和动作量的词语

例如：
我正看一会儿电视。/ 他在做一个月工。/ 他正在听两遍录音。

4."正 / 在 / 正在"可以跟表示状态意义的"着"和表示这种语气的"呢"同现

例如：
（照相机啊）我正修着呢。/ 他在看书呢。/ 他正在帮大娘擦着玻璃呢。

上述四个具体使用限制条件可用直观的公式概括为：
可以——正 / 在 / 正在 + 动词（持续）+ 着 / 呢
不可以——正 / 在 / 正在 + 动词 + 起来 / 了 / 过 / 结果 / 时段

这部分内容看起来很复杂，知识含量很高，但概括之后，却比较简单，在具体讲解后，学习者很容易理解并记住它，使用时就不会照猫画虎、生搬硬套了。

（六）类比原则

类比原则是指教学中将相关语法项目——词类、结构、句型、功能、关系等进行对比和比较，主要体现于三方面：汉语内相近现象的对比、汉语与母语对应形式的对比、汉语学习中正误形式的比较。由于"语言对客观经验的编码方式不同，语言的使用者也倾向于按他们语言所提供的不同范畴去区别和辨认经验"，"说第二语言的人往往会忽略说第一语言的人经常注意的那些差异"。因此，不同的认识经验和思维方式是教学中尤需关注的。如"打听"和"问"，持汉语的中国人是不大可能把它们混淆使用的，可汉语学习者却常常混淆。上文讲到"正/在/正在"的共性意义和使用条件也还不够，其后的教学小阶里还须通过对比讲清三个词之间及其与"着"之间的区别，这样才能复式递升地构建一个汉语表示进行、持续、状态等时态的局域系统。目的语相近现象的衍推是偏误形成的主要来源，对比性地教学可以最大限度地杜绝衍推的失误。

汉外对比在教学中只能做渗透性、点拨性运用。例如，持英语的学习者，在学习汉语判断句结构时，常常会把"be"与"是"画等号，学习汉语形容词时，会衍推构成"是+形"结构。教学中教师只要稍加对比点拨，说明汉语形容词的构句特点以提醒注意即可。在语种单一的教学环境中，尤其是零起点或低水平的初级层次教学中，适当地、准确地使用一些汉外对比会起到简单易懂、画龙点睛、少走弯路的教学效果，但是不要忽略在该语法项上两种语言之间隐蔽的细微差异，否则也会引发类推偏误。汉外对比教学法不等于母语教学，第二语言习得原则上排斥母语教学，其目的是强化目的语的思维，提高目的语的利用率。

（七）解释原则

解释原则是指对所学语法项目做出合理的、恰当的理据性分析和认知性解释。解释原则的核心理念是认知理念。语法教学之所以要突出认知理念，是因为人类的能动性本能和人类认知新语言与认知世界的相同原理。因此汉语教学时不能把人当作机器，简单地"刺激—反应"式地重复模仿，应让学习者理解性地、创造性地根据实际语境的需要，适宜地、合理地、灵活地进行表达。从语言学习的角度看，语言是一种受规则支配、具有诸多可变因子的复杂体系，不是简单不变的习惯体系，所以语言学习是一种有意义的控制性过程，它要求对所学语言进行高层次的决策和处理，能够使用特定的方式去调用认知能力，有认知性的理解和把握，有符合认知理据的能动的创造性运用。因此，以认知理念为基础的第二语言教学重视对事物类属、相关及综合——输入与提取的全面处理，将学习过程与认知过程统一起来。"渗透认知理念"的提法实际上是一种教学思想、教学方法的体现。该教学模式在教学过程中至少要突出以下方面：1.整个教学过程中，语法项讲解采取渗入式、点拨式，认知讲解与形式尽量统一并贯穿于教学全过程，用一种潜在的认知理念驾驭整个语法形式的教学过程。2.仍可以句法结构等形式特征为主要教学形式，但却要以渗入认知要点作为内在灵魂和知识切入点。既要点出、导出（讲解）认知原理，又要强化结构形式特征。3.强化性操练的角度要转向认知，不能为操练而操练，练习思路和练习形式要与认知点紧密配合，充分体现认知思路。

为此，在教学过程中应突出以下做法：1.充分调动学习者已有知识结构和思维能力，类比性地认识汉语语言结构及词语构成致因，在该过程中让学习者体会、理解汉语为母语者语言使用的基本思维模式。2.在汉语学习中，尽可能地培养学习者找出语言元素间的相同或相反；找出内在的、深层的相互联系；找出汉语元素排列的规律与成因，即在教给他们掌握汉语字词句用法的同时，培养其理解和运用汉语的综合能力，激发其学习中的自主意识、探求意识。3. 在渗透认知理念的前提下，加大练习量，该练习要突出渗入认知理念、语境条件和合理应用，以此强化理解、记忆，形成惯性。

突出认知理念的教学与机械操练模式最大的区别在于，首先解决所以然，其次解决习惯性，在习惯性中渗入所以然，用所以然控制习惯性。如，在实施"连 X（NP1/VP1）带 Y（NP2/VP2）"句式教学时，根据预测，首先把语法认知切入要点定位在这样两个环节上：1. "连"与"带"连接的 X、Y 不是任意的，而是具有同一属性——或为同类事物，或为同类动作等；字节韵律的同类——或均为单字节，或均为双字节或多字节等。2. "连 X 带 Y"表层意义关系是"加和"，而深层关系是为说明一种情况，表明一种看法或态度。

为此，教学中要突出认知其表层结构形式与深层意义的关系。可采取以下做法。

1. 表层结构的认知强化

"连 X 带 Y"表相加总和，常构成："连 X 带 Y+ 都 / 全 / 一共 +V……"或"/ 连 X 带 Y+V+ 一（量）……"等形式。例如：

连周末带假期全搭上了。/ 连大人带孩子坐了一屋子。

2. 深层意义关系的认知理解

为使学习者明白什么情况下、为何而用该结构，需要做认知性的解释、引导。如上例，业余时间本应休息或消遣，而这里却都用于做某事了，以此表明说话人某种态度、想法等，如很不划算、很不容易、很费功夫等。

最后再通过一些实际练习强化理解和掌握。如"桌子上书、本很多"，让学习者说出"连书带本堆了一桌子"，然后说出想表达什么：学习用品很多或东西放得很乱等意思。

可见，整个教学体现的都是认知性引导、点拨性解释，没有做理论的、概念的讲解，但学习者却可以了解掌握该结构构成形式、意义关系、表达目的等各要点，从而避免了仅做加和形式训练带来的"我去商店买了连面包带水果"等类型的偏误。

（八）操练原则

操练原则是指在语法教学过程中实施大量的句法形式、意义关系、实际应用等操作训练。该原则可看作是对语法教学性质理念的最直观、最实际的检验。是理论语法还是教学语法？是知识型课还是实用型课？看一看讲练处理的比例、程度、选择项目和讲解角度就可以一目了然。对于第二语言的语法教学来说，教师的作用是引导性的，其作用在于帮助学习者认知、理解汉语的一些语法现象、使用规则及规律，建立起汉语语法的认知系统。讲，应是提纲挈领、抓关键要点的讲，讲那些最实际、最有用、最富有启发性、最能帮助学习者迎刃而解的东西。练，要紧密配合讲点，从不同侧面、角度、层次、语境进行各种各样的实际练习。

根据不同类型的语法项目、教学要点和教学目的，操练的基本模式有如下类型。

1. 要点分解练习

角度之一：针对条件部分不用动态性中心语的偏误，练习说出双音节动态性词语。例如：

随着第一场大雪的到来，真正的冬天也已经开始了。
随着对中国了解的加深，她也越来越喜欢中国了。

角度之二：针对条件部分非名词性或语序混乱的偏误，组织、完成条件部分。例如：
随着秋天到来，天气也越来越冷了。——改正错误
随着新鲜感消失，她也由兴奋变成了沮丧。——组织条件部分语句
随着对小王了解的增多，他的态度也开始转变了。——完成条件部分

角度之三：针对主句没有配合条件部分采用动态形式的偏误，练习说出动态性词语。例如：

随着对同屋了解的增多，她越来越喜欢她的同屋了。
随着经济的发展，老百姓的生活水平也有了提高。

2. 构建结构与成句练习

角度之一：针对不能按照"随着"结构的制约条件组织句子的情况进行设计。
给出情况：快要考试了，她心里很紧张。
组织完成：随着考试日期的临近，她心里也越来越紧张了。

3. 综合应用练习

列出某种表格，让学习者根据列表用"随着"表述。例如：
丽雅的汉语水平

3级　4级　5级

2月　7月　12月

提供图画或影像，让学习者根据图画或影像用"随着"表述。例如：
温度低，树叶掉下来一些；温度又降低，树叶掉下来很多。
利用谈话，引导学习者根据实际情况，有意识或下意识地运用"随着"。例如：
刚来中国时有认识的人吗？现在呢？用"随着"说一说这种变化等。

可见，操练是重复性、循环性的重要环节。老师的讲解，使学习者有了初步的理解认识；大量的练习、实践，使学习者进而从不同角度加深理解并运用；老师及时指出学习者练习中的偏误并再分析、再讲解，使学习者再次加深理解认识。这样，通过反复、加工、

提升、整合、重新编码等过程，学习者才有可能真正掌握所学语法规则规律、获得语言应用能力。

操练还是重要的信息反馈环节，它会使我们发现很多问题——学习者的、教师的等。操练中及时肯定正确的，使之得到强化，形成长时记忆；及时纠正、分析错误的，减少、避免错误的固化，深化知识要点的理解。操练中发现教学的问题，可使教师及时调整教学内容、方法、策略，加强问题的研究，不断提高教学质量和水平。总之，操练过程应该是熟练——记忆——激活（预期控制、引起目的行为、对环境施加影响）以及提高认知层次的整合过程。

以上谈及的实用、针对、复式递升、细化、简化、类比、解释、操练等八项原则，是对外汉语语法教学最基本的原则。八项原则在教学过程中彼此不是割裂、孤立、单一的关系，而是水乳交融、相辅相成、相得益彰的关系。教师要想准确地抓住语法项教学要点，并把它处理得简要、浅显、明白、恰到好处，就首先要吃透、研究透该语法项，进而做出合乎实际应用规则的再研究和再加工。因此，对外汉语语法教学应以汉语本体研究为动力推进教学，从点点滴滴的积累开始，逐步加以深化，成规模、成系统地加强汉语要素认知教学的研究和建设，从根本上不断提高汉语教学的质量和水平。

第二节 句法结构在汉语教学中的应用

一、语言学的理论依据

在生成语法里，短语是指单一的结构成分，一般来说不止一个词，却没有一般小句所具有的主语——谓语结构。传统上的短语被视为结构层级的组成部分，介于小句和词之间。短语的类型有名词短语、动词短语、形容词短语、介词短语、副词短语等，是常用的分析单位。在管辖与约束理论中，小句被看作一类特殊的短语。这就与我们对汉语短语的认识相接近。所以，我们所说的短语也包括主谓短语。根据词组内部组成成分之间的语法关系，中国著名古文字学家、语言学家朱德熙将词组分成偏正词组、述宾词组、述补词组、主谓词组、联合词组。

我们之所以将汉语句法结构与汉语教学相结合，是基于汉语的基本特点。由于汉语句子的构造原则跟词组的构造原则基本一致，我们就有可能在词组的基础上来描写句法，建立一种以词组为基点的语法体系。这样我们就可以把汉语中的各类词组，作为抽象的句法结构来描写它们的内部结构以及每一类词组作为一个整体在更大的词组里的分布状况。词组随时都可以独立成句或者成为句子的一个组成部分。词组作为具体的话，说出来可以是一个句子，而句子不过是独立的词组而已。这就是中国著名古文字学家、语言学家朱德熙所提出的以词组为基点的语法体系。在这种语法体系里，所有的句子都被看成是由词组形成的。这是既简明又严谨的一种语法体系，也是既便于语法教学又便于语法学习的一种语法体系。依据这种语法体系，从词组出发进行汉语第二语言教学具有稳妥的理论依托。汉语中到底有哪些词组或短语，见仁见智。实词与实词的组合包括：量词结构、方位结构；实词与虚词的组合包括：介词结构、"的"字结构。

当我们把汉语作为第二语言教授学习者说话时，是按照时间先后顺序一个词一个词说出来的，所说出来的话是一串词，也叫词串。这种词串并不是一次性组合在一起的，也不是按照线性排列组合在一起的，而是按照一定层次组合起来的。于是又有了"简单词组"和"复杂词组"之分。所谓"简单词组"是指两个或两个以上的词在一个层次上组合而成的词组。所谓"复杂词组"是指三个或三个以上的词在两个以上层次上组合而成的词组。这就是所谓层次，即一些句法单位在组合时所反映出来的不同的先后顺序。

我们所说的词组，既包括"词组"与"结构"，也包括"简单短语"和"复杂短语"。在以词组为基点的语法体系里，要特别注意只有词和词组之间是组成关系，因为词组是由词组成的。因此，在教学中要注重词组的组合规律的教学。而词组和句子之间则是一种实现关系，也就是抽象的句法结构实现为具体的句子或句子的组成部分的过程，因此在教学中要特别注意在什么样的条件下词组可以实现为句子或句子的组成部分。

二、认知心理学的理论根据

现在让我们分析一下，这种运用词组和短句进行汉语教学的方法，究竟有无心理认知方面的依据。约在20世纪80年代之后，人们逐渐认识到语言的记忆、贮存、输出和使用，并不是以单个的词为单位，而是从记忆中整体取用比词更大的一串词，整体或稍加改动后作为预制"词块"来完成的，这个词块，就是词组和短句。学习者语言输出能力的发展受到词组数量的限制。如果学习者的心理词库拥有足够的词组，语言交际就会比较顺利。在这个学习阶段，教学的中心不再是若干条干巴巴的语法，而是"词块"。当然，词块中蕴含着语法规则。教学目的就是要有意识地提高学习者对"词块"的语感和认知能力。

在现代汉语作为外语教学中，鉴于有声语言应是第一性的，所以往往从听说入手进行教学。学习者只有具备了初步的汉语能力，才有可能借助于有声语言的能力来认识汉字，再借助于书面语的汉字，提升口语表达能力和书面语表达能力，如此相辅相成，循环往复，使语言能力得以不断提高。所以，教学的程序，一般是先听后说。然而，听什么却大有讲究。有的教师就选用带有强烈色彩的词组和短句来练习听力，所选的词组大多是两个音节的，最长的也只有四个音节，因不太长，也不太复杂，比较容易上口。又因其带有强烈的感情色彩，非常实用，并且如果声调模式相同的话，还有助于发音和声调练习。这是以带有强烈感情色彩的短句为基本练习句式，通过多次模仿练习，形成一种音节连缀模式，继而把这些模式扩展到不带感情色彩的词语上。其实，这不仅是语音练习的方法，也可以作为初级阶段汉语教学的一条途径。

因为句法结构比较短，从记忆的原理上看，相对容易记忆。这也符合组块记忆的道理。初步分析表明，一个句子的处理过程中如果平均每时每刻要记住四个以上的离散板块，句子就会显得累赘，并且，处理会把需要记住的离散板块数量尽量控制在四个以下，需要记住的离散板块如果没有超过四个，处理会倾向采取延迟组块的策略，以避免错误组块；离散块如果超过四个，处理会倾向超前组块的策略，以及时减轻大脑负担。组块计算为语言单位结构难度的计量提供了一个普遍适用的基本起点。这就是说，人的大脑在"四"的范围内，可以有效地记忆。而在汉语学习的初级阶段，即使是所学的小句，如果以词组为单位来计量的话，一般也不会超过四个。因为这时学习者还不能随意地用汉语表达复杂的意识，一般只能使用词组或短句。

三、传统语言教育值得借鉴的经验

中国的传统语言教学是一种母语语文教育，它与汉语作为第二语言教学虽性质不同，但均属于语言教学范畴，应有一定的共性。从语言学上来讲，语言共性论者曾提出过一个叫"强式先天论"的观点，其论点是本质上不同的语言在数量上是有限的。所谓本质上不同的语言，指语法上没有共同特征的语言，所以又叫句法不同的语言。目前，语言学习理论中的研究成果倾向于支持强式的共性观点，即语言受共同的原则支配，语言变异是有限的。从语言学习的角度来讲，美国哲学家乔姆斯基认为，人类先天就具有学习语言的能力，或者说先天具有习得语言的机制。他认为，每个人脑子里都有一部内化了的语法、一套内化了的语法规则，依靠这套规则，可以听懂别人说的话，也可以生成句子。这样，乔姆斯基就再一次肯定了人类习得语言是由先天的固有机制决定的。而这种机制的存在是人类长期进化的结果。

背诵，是学习外语的不二法门。背诵，在任何一种言文学习过程中，都是不可或缺的手段。这是一个把汉语作为目的语学习，并达到接近目的语水平的外国人所体验的在学习汉语时诵读的重要。诵读什么？中、高级阶段自可诵读段落与篇章，而在入门阶段，则只能诵读词组和短句。从词组入手，记住最常用的词语，熟悉汉语的基本语法结构，一旦头脑中积存了一定量的词组和短句，学习者就可以运用类推的办法、词语替换的方法，说出很多自己想要表达的话语。

四、句法结构在汉语社会生活中的存在

语言教学的目的在于应用。在当今世界上，外国人学习汉语，除特殊研究需要之外，很少有以《论语》《孟子》为课本来学习汉语的。为了应用，他们要学习活生生的汉语，

要学习活跃于人们社会生活中的鲜活的汉语。而在汉语语言社会生活中，词组使用频率是很高的。从交际的角度来看，人们在言语交谈中，往往使用句法结构来表达自己的思想。

在这些使用频率极高的词串中，包含着汉语句法结构的全部类型。我们认为，使用频率的问题是不容忽视的。自20世纪90年代以来，语言学界从事语法化研究的学者普遍将频率看作语法化的一个重要条件和因素。有人甚至说：语言的发展毫无例外地证明，使用频率高、范围广的强势语法格式是类推的原动力。这些最常用的词组，因其使用频率高，久而久之，有的就会形成俗语或固定格式。而这些内含各种语法结构的词组一旦贮存在学习者的大脑中，日后很自然地就可以成为说话的备用材料。

我们主张应用句法结构进行汉语入门教学，重在引起学习者的兴趣，帮助学习者尽快建立起目的语的语言习惯。我们知道，每一种语言的背后有一种与之密切联系的语言心理，要是能把自己浸润在这种语言心理中，就会觉得这种语言处处有意义，处处合理；要是不能透入这种语言心理，其势一定是怀着甲种语言心理（本国语的）去观察乙种语言习惯（外国语的），自然要觉得处处无意义，处处不合理了。正如大人要理解小孩的举动，必须浸入儿童的心理，是一样的道理。运用词组进行语言教学，是从最短的、最常用的词组入手，采取反复操练、强化记忆的方式，就是力求在学习者的头脑里留下若干汉语语言现象，包括词汇形式、语法格式、表达方式等，为建立学习者的心理词汇打下基础。

来自心理语言学的证据表明，语言学习者在习得第二语言时，有两种记忆方式：表述性记忆与程序性记忆。谈"心理词汇"，便与表述性记忆有关，实际上是一种背诵记忆的方式，这很适合我们所主张的句法结构教学。其原因在于，此时大多数学习者尚未接触语法规则，也就是说，程序性记忆还未真正启动，他们是把句法结构（二字、三字、四字）当作一个"词"来记忆，视作不规则形式。

我们所说的将句法结构用于汉语第二语言教学，指的是用在入门阶段，也就是说用这种形式使其掌握汉语初级口语。这是一个打通语音、词汇和语法的阶段，语法是朦胧的、体验中的。这个阶段的长短，内容的多寡，要视教学目的与教学有效时间而定。

句法结构可分为可类推词组与不可类推词组。像"你还别说""有两下子"，是俗语，是一种固定用法，不可类推。"你还别说"，不能类推为"他还别说"或"我还别说"。"有两下子"，也不能类推为"有三下子"。然而，在教材中，大量的还是可类推短语，也就是说，一些句法结构具有能产性。只要替换其中的一些词，就可以产出新的短语。

我们所说的句法结构应用于教学，在教材中出现的句法结构，应是口语中最常用的，不但有助于学习者掌握初级口语，也为日后的成段表达，即篇章表达，准备现成的材料。所以，这个阶段的教学，应采用背诵的方法。应该指出的是，背诵是积极的、有趣的，靠的是教师的精心组织，灵活多变的教学方法，以便使学习者可以接受。其目的是让学习者记住所学的短语，当他们想要用最简单的话来表达自己的思想时，这些词组便会脱口而出。

第三节 语块在汉语教学中的应用

在对外汉语教学中，经常遇到这样一种现象：学生造出来的句子完全符合语法规则，可就是听着别扭、不自然。例如：

1. 我离开大学以后，打算……
2. 他很懒，睡得像很累的小孩儿一样。
3. A：美国的人口是多少？
   B：美国有两亿五千万个人。

例1中，更准确的表达应该是"我大学毕业以后"，因为"离开大学"可能是毕业后离开，也可能没毕业就离开了。例2中国人可能会说"睡得像死猪一样"。例3在表达人口的时候一般不用量词"个"，句子语法没问题，可是母语者不这样说或很少这样说，这是以研究语言生成规则为终极目标的传统生成句法理论所不能解释的。美国哲学家乔姆斯基理论强调语言的生成性、创造性，只要有组词造句的规则，再加上一个词库就可以生成无限的句子。我们能够理解、生成我们以前从未听到过的句子，这当然没有错。但也应该看到，在实际的语言使用中，并非所有合乎语法规则的结构都以相同的频率在语言中出现。理论上无限的合法句子中，实际上只有一部分是本族人使用的。本族人具备从众多合乎语法的形式中选出自然的、地道的形式的能力；而外语学习者则不具备这种能力。学习者学了"一年比一年、一天比一天"，可能会类推出"一个月比一个月""一个星期比一个星期"；学了"第二故乡"，可能会类推出"第二老家""第三故乡""第四故乡"等。因此，语言除了具有创造性以外，还有习用性。

一、已有的语块研究

近年来，对语言习用性的研究越来越受到理论语言学和应用语言学的关注。对语言习用性研究的一个重要方面就是对语块的研究。各种语言中都存在着大量的语块，这是因为语块功能是语言能被成功地理解和输出的关键。失语症研究和语言习得研究也都证明了语块存在心理现实性。汉语语言学学界对语块有一定的研究，但是这一领域还有广阔的空间等待我们去开拓。

语块是由两个或两个以上词构成的、连续的或不连续的序列，整体储存在记忆中，使用时整体提取，是一种预制的语言单位。传统的语言研究包括语法规则和由一个个词构成的词汇两部分，但在实际的言语交际中，人们并不总是一个词一个词地说，人们说出话语或写出言辞作品，除了使用词之外，还往往用上词的固定组合体。

那人们在言语交际中为什么要使用语块呢？这主要和语块的两大功能有关。语块的首要功能是减轻说话人在交际时的加工压力，提高交际效率。语块是语言中符合语法规则的习用单位，语块的使用保证了语言是自然的、地道的。而存储于记忆中的大于词的语块减轻了编码负担，使说话人能把节省下来的加工资源用于其他内容。

语块的第二大功能是社会交际功能。很多社会交际功能，比如问候、告别、感谢、讨价还价以及某些特定仪式（比如婚礼）上的言语行为都是由约定俗成的语块来表达的，例如：

吃了吗？（问候）

生日快乐！越活越年轻！（生日祝福）

白头偕老、永结同心！（婚礼）

由于说话人和听话人都非常熟悉某些交际场合中使用的语块的形式，因此交际双方都只需要集中注意新信息。例如，当听话人听到有人唱"祝你生日快乐"，但不知道是谁过生日的时候，他只需要集中注意力听生日歌里的名字，其他内容则可以忽略，这样就大大提高了交际的效率。减轻加工负担功能保证了说话人的输出是流利的，社会交际功能则保证了说话人被正确理解。从这一点来说，作为整体的语块比根据语法规则生成的自由组合有优势，因为如果某个形式听话人以前听到过，他不需要借助完全的分析解码就能理解，这样理解的成功率就更高了。例如，军中生活的命令必须要快速执行，如果是固定的形式，那么被准确理解的可能性就最大。由此我们可以看到，减轻加工负担功能是保证说话人成功输出的关键，而社会交际功能则是保证听话人成功理解的关键。

汉语语言学界对语块也有了一定的研究，这主要是在熟语范围内对成语、惯用语、谚语、歇后语等固定词组的研究。研究内容主要是熟语和非熟语的区别，熟语内部的小类、不同的小类有什么区别，对每一类熟语结构和意义的描写等。对熟语结构的描写主要涉及两方面：一是熟语可以充当哪些句法功能，这部分内容在结构描写中占主要部分；二是熟语的结构是否能变换，如果能变换，有哪些限制。能进行有限的变换是熟语结构的一个特征。对熟语意义的描写，只是强调意义的整体性以外，大部分熟语研究都没有涉及语块的功能。有的研究虽然有"熟语的功能"这样的名称，但实际上研究的都是熟语的语法功能，对熟语的语用功能和熟语在语言加工中的作用则未曾涉及。

熟语只是汉语语块的一部分，只研究熟语不能全面了解汉语的语块。汉语熟语研究和西方语言学语块研究的一个根本不同是熟语主要研究语义不透明、语法不规则的词语序列，如成语、惯用语、歇后语、谚语。虽然早期西方语言学研究的也是语义不透明、语法不规则的习语，但现在学者们越来越认识到，语义透明、语法规则的词语序列也可以整体储存、整体使用。尽管人们具有分析这些语义透明的语块的能力，但在实际使用中人们并不真的把语块分析成更小的单位。因此对语块的研究也应包括语义透明、语法规则的词语序列。这样对语块的研究就不仅限于一小部分处于语言系统中边缘地位的习语。

语块的研究对语言学理论也有启示，学习一种语言要达到本族人一样的水平，很大程度上有赖于复杂程度、内部稳定程度各异的各种预制单位。这种观点和基于生成语法理论的观点不同，后者认为语言运作的解释只需要一套规则系统、由最小单位构成的词汇以及一系列语义解释的基本原则。语言的固定化格式的存在将为语法的动态说提供有力的证据，同时也提醒我们，只用控制语法成分组合的形式规则来解释语言是不足的。

二、汉语语块的分类和功能

搭配、惯用语、成语、歇后语、谚语、格言、名言、警句、会话套语、儿歌、歌词等都是由多个词构成、整体储存、整体提取、整体使用的语言结构，即本文所说的语块。

根据这些语块所属的语法单位层次，可以分成三类：词级语块、句级语块和语篇语块，词组层面的语块属于词级语块，句子层面的语块属于句级语块，语篇层面的语块属于语篇语块。

（一）词级语块：搭配、惯用语、成语、歇后语。

（二）句级语块：谚语、格言、名言、警句、会话套语。

（三）语篇语块：儿歌、歌词。

词级语块的主要功能是句法方面的，在句子层面或低于句子层面实现其句法功能。某些词级单位除了句法功能以外，也有一定的语用功能。句级语块的功能主要是语用方面的。例如某些特定仪式上的言语行为所用的语言形式，比如生日晚会上的"(祝你)生日快乐"，婚礼上所说的"(祝你们)白头偕老、早生贵子"。表达问候功能的"好久不见""最近怎么样"，表达吊唁功能的"请节哀(顺变)""化悲痛为力量"。

由"知道"构成的一些结构正逐渐走向凝固，这些格式常常不带宾语，受主语类型等因素影响很大，同时还有明显的语音弱化形式。更重要的是，它们通常具有特殊的语用意义。像"我不知道""不知道""你知道吗""你知道吧""你知道"，都是句级语块。这些语块形式方面有一定的凝固性。

句法位置灵活，甚至可以出现在主语和谓语之间。在句子中间相对独立，不和其他语言单位结合构成更大的语言单位，整体上相当于一个插入语，因此省略了也不影响意义的表达。意义方面，这些语块和表字面义的"我不知道""不知道""你知道吗？""你知道吧？"也有所不同。当表示字面义的时候，"我不知道""不知道"表示否定回答；"你知道吗？""你知道吧？"表示命题疑问，要求听话人给出回答。作为语块的这些格式并不表示否定或命题疑问。"你知道吗？""你知道吧？""你知道"中的"你""知道"意义都已虚化。由"知道"构成的这些语块都有不同的语用功能。"我不知道"的功能是标识说话人的猜疑。

三、词级单位语块

（一）词级单位语块的类型

根据构成成分是否能替换成其他成分，我们把词级语块分成两类：自由组合和非自由组合。自由词组组成成分之间的关系比较松散，组成成分可以自由地替换；非自由组合的构成成分替换受限制或不能替换。自由词组的意义是组合性的，即词组的意义是由构成成分的意义加和而成的，换句话说，意义是透明的；非自由组合的意义有的是透明的，有的是半透明的，有的是不透明的。非自由组合又可以分为两类：有限组合和凝固组合。有限组合的构成成分可以做有限的替换，意义有的是透明的，有的是半透明的；凝固组合的构成成分不能替换，意义有的是组合性的，有的是非组合性的。凝固组合、有限组合和自由组合一起构成了一个从凝固到自由的连续体。

自由组合、有限组合、凝固组合的内在差别是组合内部成分之间结合紧密程度的差别，这种差别表现为构成成分是否能自由替换，但究其本质，是由组合成分的意义决定的。组合是否表示核心事项、构成成分的语义是否虚化以及组合概念整合程度的高低这些因素决定了组合内成分结合的紧密程度。

（二）有限组合

构成成分替换受限制的组合是有限组合。不过，不同有限组合选择受限制的程度并不完全相同。根据可以和节点词搭配的词语多少，可以把有限组合分为高、中、低度受限三类。低度受限组合，节点词可以与少量语义范围明确的词语相互搭配，例如动词"冒"可以和表示[恶劣天气][武器][危险]的词语搭配。节点词可以和几个词语搭配的组合是中度受限组合，例如"打"一般只和"水""粥"搭配；"耸"只和"肩膀""眉毛""鼻子"搭配。有的节点词只能和一个词搭配，这种组合属于高度受限组合，像"呼噜""喷嚏"只能和动词"打"搭配；形容词"水汪汪"只能和"眼睛"搭配。

有限组合的选择限制除了有程度的差别以外，还呈现出方向性。有的是双向限制，有的是单向限制。双向选择限制是指组合中的两个成分相互有选择限制，例如"打棍子"中的两个成分都不能自由替换，而且"打棍子"表示的是比喻义，具有双向搭配限制的组合是凝固组合。单向选择限制是节点词对搭配词有选择限制，但是搭配词不是只能和节点词共现，例如动词"酿"，表示"酿造"的时候，只能和名词"酒""醋""酱油"搭配；表示"蜜蜂做蜜"的时候，只能和"蜜"搭配。但是上述这些和"酿"搭配的名词不一定只能和"酿"搭配。名词"耳光"对出现在它前边的动词有选择限制，只能是"打""扇""给"这几个动词。形容词"皑皑"对和它一起出现的名词有限制，只能是和"冰""雪"有关的名词，如"冰雪、白雪、雪山"等，但这些名词不限于和"皑皑"搭配。名词"骨头"比喻人的品质时,对和它一起出现的形容词有选择性,只能是"硬""软""贱",而这几个形容词不是只能和"骨头"共现。副词"矢口"要求其后边的动词必须是"否认""抵赖""不提""不谈",但这几个动词还能和其他很多副词搭配。

(三)凝固组合

凝固组合的凝固性主要体现在形式方面。凝固性的具体表现如构成成分不能任意替换。"眼"和"目"、"口"和"嘴"、"脚"和"足"是同义词,但是由这些词构成的凝固组合,这些同义词不能任意替换。如"目中无人""目不转睛""目不暇接"只能用"目",不能用"眼";"眼花缭乱""过眼云烟""有眼无珠"只能用"眼",不能用"目"。再如"小菜一碟"不能说成是"小菜一盘""小菜一碗"。除了并列结构以外,大部分凝固结构构成成分的顺序也是凝固的,"小菜一碟"如果说成"一碟小菜"意思就变了,前者是凝固组合,后者是自由组合。形式方面的凝固性还体现在有的凝固组合保留了古代汉语的词汇或语法结构,"时不我待"反映了古汉语否定句中代词宾语置于动词前的语法特点。古汉语肯定句中,如果宾语要放在动词前,需要一些结构助词,如"是""之"等,成语"唯利是图""唯命是从"还保留了这个语法特点。

凝固组合是从组合内两个成分相互的选择性而言,不是说组合的形式完全凝固,"熟语构成成分的定型性与熟语的异体多型现象是两回事"。实际上凝固组合也可以有不同程度变换的可能性。

四、语块的习得和对汉语教学的启示

语块是"语言习得的中心","语言习得的一个常见模式就是在某个阶段学习者大量使用未经分析的语块"。在语言学习的开始阶段,由于语言水平不够,学习者在接触到语言输入的时候,因为没有足够的语言知识,所以无法把输入切分成组成成分,因而常常把输入作为一个整体习得。与初级阶段学习者非常依赖语块不同的是,到了中、高级阶段,语块成为"学习者向本族人语言水平靠近最大的障碍"。

语块对汉语学习的作用是多方面的。首先,学习者掌握了汉语语块可以最大限度地克服中介语形式,避免出现"打围棋""打毽子"这样的类推错误。其次,语块还能在保证语言使用正确性的同时,使学习者选择的语言形式更地道,最大限度地避免"十中八九个人""过分不如不是"这样的外国腔。再次,在实际的语言交际中,从记忆中整体提取语块比一个一个地提取语块的构成成分速度快,因此能大大提高学习者口语表达的流利程度。最后,语块对提高学习者的语用能力也非常有帮助。在初级阶段,各种有特定语用功能的语块,比如"很高兴认识您""太贵了,便宜点儿吧"能够帮助学习者克服语言水平低的不足,尽快参与交际。在中、高级阶段,使用语块能帮助学习者在不同的场合得体地使用语言。

目前，对外汉语教学界已经认识到了语块的重要性，已有学者提出语素、词、语三级词汇教学单位。对外汉语教材和教学都应把语块作为教学内容之一，对不同性质的语块实施不同的教学策略。自由组合应该教给学生组合的规则。凝固组合重点讲解意义、使用的限制以及变换的可能性。有限组合则应根据受限程度的不同做不同的处理，高度和中度受限的组合，应告诉学生可以和节点词搭配的所有词语；低度受限的组合则应告诉学生可以和节点词搭配的语义范围。总之，加强语块的研究和教学能大大提高对外汉语教学的效率。

第六章　现代汉语课程教学

第一节　汉语文化课程设置

　　随着中国综合国力的不断增强和国际地位的不断提升，世界各国已越来越重视与中国的沟通与合作。汉语，作为世界与中国最重要的交际工具，也越来越受到世界各国人民的青睐。20 世纪 80 年代以后，对外汉语教学得到迅速发展，除了来华留学生正逐年增多以外，汉语办学层次也逐渐多样化。譬如，不仅短期汉语教学、汉语预备教育得到迅速发展，汉语专业教育规模也不断扩大。随着办学层次的不断提高，文化课的比例在增大，教学中的文化内容也在不断增加。

　　我国各高校对来华留学生的培养目标和教学任务基本相同，即了解中国概况，具备一定的汉语基础和一定的听、说、读、写的能力，具备一定的汉语表达能力和交际能力，对中国的政治、经济、外交、社会、历史、文化有较广泛的了解。而在具体的对外汉语教学中，存在两种不同的文化教学，一种是除语言教学外为学生设置文化课程的文化教学，一种是语言课内的文化因素或文化内容的教学。

一、对来华留学生的文化课课程设置注意因素

（一）设置原则

　　文化课课程设置要有"实用性原则"，即文化的交际作用，应在现语言课的基础上开设"交际文化课"，旨在将学生的文化学习与日常交际结合起来，例如打招呼，"你好""您好"当然是最保守也最正确不过了，可中国人，尤其是熟人间却很少这样彼此打招呼，因为这样的招呼礼貌但客气，显得很生分。见到小孩、女性朋友、男性朋友、亲人、邻居、上司领导、长辈等，打招呼的方式都是不一样的。再比如在不同场合遇见同一位长辈，如何把握说话的分寸，并使自己表现得进退有仪，都受中国"潜文化"的影响和支配。

此外，考虑到现在社团活动内容更偏向于"可操作性的艺术文化"，这是不够全面和系统的，留学生来华就是为了系统地了解中国，能够掌握一至两门中华才艺固然好，可作为对外汉语教学中的文化教育，留学生对中国有基础的、概括的、广泛的认识才是更重要和可取的。因为学生应用和展现中华才艺的机会毕竟是有限的，而留学生对中国文化知识的了解却会贯穿学生运用汉语的方方面面，因此，应开设"知识文化课程"，让学生从知性及理论的方面深入对中国文化的了解。

为方便留学生继续学习中华才艺，现开设的社团活动形式可作为文化课课程改革的一部分延用。

在课程改革中，交际文化课与知识文化课并重，均为必修课；应适当丰富社团活动，并在提升学生兴趣的同时，将社团活动设置为"任意必修课"，即在完成相应学分的情况下，可任意选择课程。每个学生每学期要修满4个社团活动学分。开学前两周为文化体验观摩周，学生可在亲身体验后，选择自己喜欢的课程，并递交课程表。第三周，社团活动正式开始。社团内各个活动小组，少于15人不开设。

（二）开设课时

由于来华留学生整体性格活跃、好动、缺乏耐性，交际文化课、知识文化课、社团活动的时间设置，应采用小课时的时长，即每节课50分钟。所有课程均在16：00—18：50之间开设，这样就与晚自习的时间没有冲突，晚自习会更加有序，学生休息也更加充分。

（三）开设内容

开设文化课要有层次差别，由浅入深，对低年级的留学生，课程设置要配以较多的图片、视频、短片、实物道具、音频内容，以充分调动学生的体验热情，要避免长篇大论，如果学生根本听不懂老师在表达什么，会打击其学习的积极性，以至于放弃学习。对非学历生来说，学生培养目标的定位应更多为"了解"而不是"理解"，更谈不上"掌握"。

中国文化博大精深，海纳百川，无论从其历史、艺术、文学还是风貌，都散发着迷人和不可抗拒的魅力，从学生的未来发展及学校生源考虑，给学生展示中国绚烂多彩的文化，建立系统完整的文化知识体系都非常必要。这些课上好了，好到了学生有要"理解"、要"掌握"的渴望，学生自然会要求来中国深入学习。

（四）教师配置

社团活动课应尽量任用具有才艺、表现力、责任心、活力和教学热情的教师。老教师的教学往往求扎实稳重，这与留学生活泼好动的脾性相悖。年轻教师尽管知识不够扎实，却愿意采用更多的方式方法，因此课堂往往更有朝气。留学生对中国文化的学习，比较基础和概括。相比之下，年轻教师更适合社团活动的教学。

二、对来华留学生文化课课程的拟设

为使留学生学习的中国文化更实用、更贴近生活，更完整、更广泛，并使留学生能够继续学习中华才艺，可将文化课程初步拟设如下：交际文化课、知识文化课、社团活动。考虑到课时及学生特征，应适当缩短单节课时，但要保证文化课在总课时中所占的比例（不低于20%），并且课程应有"一定范围内的兴趣自由"，而为保证课程质量和留学生的学习效率，应在学生可接受的限度内开设必修课；同时，为使学生提高对文化课的重视度，还应对留学生的学习结果建立一定的评价制度。

（一）非学历生的文化课课程拟设

非学历生在中国学习汉语的时间非常有限，不管是半年还是一年，甚至一两个月，都应为学生提供充分了解中国及中国文化的机会。因此，非学历生的文化课课程设置应较基础，"蜻蜓点水"点到即可。非学历生学习时间分为半年和一年，由于学生基本不具备语言基础，因此，给此类学生开设的文化课较多为欣赏课，上课课时可根据学生的掌握情况，由教师自行调整。

（二）本科生的文化课课程拟设

本科生学制为四年，时间最长，学生有足够的机会接触中国文化，所以课程设置更细致、深入，如果说非学历生在文化课学习后得到的是一个知识构架，那么本科班学生得到的将是一张知识网。本科留学生的文化课设置最为丰富、全面。

第一学年，本科生的培养目标与非学历生相同，即对中国文化有系统、基础的认识。

第二学年，本科生进入正式系统的文化课学习，所开设的文化课涉及表达感情、表达时空、日常饮食、传统节日等。

第三学年，考虑到本科生要准备论文开题，文化课安排适当减少，所开设的文化课包括中国民俗与禁忌、中华艺术欣赏等。

第四学年，考虑到本科生实习和论文撰写与答辩，文化课暂不拟设。一般来说，由于课程内容少、不好扩展或较抽象等原因，每种课程内容都只安排1课时的时间，此类课程要求学生"了解"；但有的课程1课时是无论如何都上不完的，因此课时安排较多，对学生的要求也较高。任课老师可根据学生的实际情况进行相应的课时安排。

（三）研究生的文化课课程拟设

研究生的学制是两年，受到时间和专业限制，减少了欣赏课所占的课时，而相应地增设了教育方面的课程。

第一学年的第一学期是对中国概况的宏观把握，时间有限却又要为下一学期的系统学习做准备，因此，研究生第一学年的文化课与非学历生和本科生都不同。相比之下，每课的内容不仅增加了文化知识的密度，而且学生的学习任务、难度、负担都相应增加了。第二学年，因研究生要面临毕业实习、论文撰写等相关问题，因此文化课时暂不拟设。

（四）社团活动拟设

社团活动主要包括中华才艺、曲艺、运动、文学和体验社，旨在发现学生的兴趣所在，动静皆宜，重在让学生亲身体验，从而提升动手能力和表现力，让学生在知识文化课（理论方面）学习后，有实践方面的强化和验证。社团活动，是在现阶段社团活动的基础上丰富内容得到的，基本沿用了原来的模式。根据每种兴趣小组学习内容的难易度和耗时长短，学生对此类课程的兴奋持续时间，将不同课程安排了不同时长，学分也相应不同。

三、对来华留学生文化课课程设置的反思

课程设计拟将文化课分为三部分：交际文化课、知识文化课，社团活动课。交际文化课旨在贴近留学生实际生活，使学生可以按照中国人的思路说话、处事，这种"潜文化"的知识还没有被专家系统地整理出来，那么教师上交际文化课时，就需要自己先揣摩、把握，若把握得不到位会直接影响教学效果。把握得好，学生会学到很多看不见的知识，在运用过程中定会慢慢体会出中国人独特的人文心理，把握得不好，学生则几乎什么也学不到。

知识文化课的设计较细致和深入，不能简单地只设计出一个大的方向，例如，古代文学、哲学理论，而是要将笼统的课程具体化，细分化。因此，既然留学生只是了解中国的概况，所有内容就显得比较基础、具体。可细化了的课程也有弊端，就是限制了教师的发挥，因此本设计所指出的只是方向，教师在实际教学中可酌情处理。

第二节 汉语书法课程教学实践

一、书法课程设置及定位

书法是中国特有的一种传统艺术，这一点已取得广泛共识。但书法学习需要较长的时间，只有不断反复练习，方能取得不错的成果。在对外汉语教学实践中，像书法教学这种

耗时长、见效慢的课程一直处于一种可有可无的尴尬境地，未能受到足够重视。不少教学院校及机构往往注重的是书法在汉字学习中有助记忆和理解的辅助作用，而忽略了书法课程对中国文化的介绍和推广作用，从而使书法教学沦为汉字教学中的识字、写字环节。这一现象极为普遍，造成书法教学的形式五花八门。有的院校没有专门开设书法课，只在汉字教学课程中简略介绍一下汉字书法，有的院校只进行书法讲座，还有的院校即便开设了书法课，但因对课程定位缺乏足够认识或教学条件和师资薄弱的限制，书法课变成了识字、写字课，教学效果不能令人满意。

那么，对外汉语教学中究竟是否应该开设书法课？书法课程又该如何定位呢？书法是中国文化的重要组成部分，在诸艺术门类中，书法最具中国独特性。书法源于汉字，书法艺术的形成、发展与汉字的产生与演进存在着密不可分的关系，因此书法具有较强的语言属性。同时，在中国悠久的历史文化发展和丰富的文字记载中，中国的书法艺术以其独特的艺术形式和艺术语言再现了这一历史性的嬗变过程并又以其互补性和独立性阐释了中国传统文化的内涵，因此书法又具有了极高的文化属性。书法的双重属性使书法课程在对外汉语教学中理应成为重要的基础教育内容，在汉字教学和文化教学中有着重要意义。

练习书法不仅是学习文化的一部分，也可以帮助学生加强对汉字的记忆理解。同时对书法艺术的学习与欣赏还能帮助学生增加对汉字书写的热情，激发其更大的学习动力。一方面，书法以汉字的结构规律为基础，运用点、画、线条的交叉构建，得出汉字的结构模式和总体形象。这一特点有助于外国学生认识汉字的笔顺、偏旁及字形结构，并进一步掌握汉字的形、音、义，认识汉字、写好汉字。另一方面，书法是中华民族文化的结晶和象征，荟萃了中华民族文化的精髓，有着博大精深的文化内涵和巨大的文化魅力。因此在对外汉语教学中有意识地加强书法教学，不但能弘扬中华民族精神，传播中国民族文化，而且也能使外国学生在感受汉字形体美的同时，体会书法艺术的审美意蕴。再者，书法文化具有很强的民族性，而书法的教学具有传统民族文化的教育功能，无论是从书法作品的内容、表现形式，还是书法作品的材质来看，它都体现出了中国传统文化的特色。因此在对外汉语教学中开设书法课，向外国学生推广书法，是让世界进一步了解中国文化的另一种有效途径。

二、书法教学内容的设计

书法课应属文化艺术类课程，在教学内容上主要分为书法知识和书写技能训练两方面。书法知识包括书法发展史、书法理论及文房用具的知识，属理论的范畴；书写技能训练包括书法技法、结构与章法的实际应用，属实践的范畴。传统书法教学通常是以实践为主、理论为辅，二者相辅相成。对外汉语教学的书法教学也沿用了这一思路，教学内容是围绕技能训练来安排，这对识字、写字能起到较好的辅助和指导作用。但这种教学安排有些片面，缺乏对教学对象所在的文化背景和汉语学习水平的考虑，若笼统地安排教学，就有可能挫伤他们学习书法的积极性和热情。因此，对外汉语教学中书法教学内容的安排非常重要。对外汉语教学的书法教学必须"因材施教"。"因材施教"就是要从教学对象即外国学生的文化背景和汉语水平两方面来考虑：一方面是要根据外国学生不同的文化背景，以文化圈的概念进行划分，实施分类教学；另一方面是要根据他们的汉语水平和受教育程度的不同，采用分级教学。

（一）区分文化圈，实行书法内容的分类教学

文化圈是社会学与文化人类学描述文化分布的概念之一，是指具有相同或相似度的文化现象和生存方式的地理区域。不同国家和地区的汉语学习者可能隶属于不同的文化圈，因此在教学中就必须考虑这个因素。"汉字文化圈"是全世界九大文化圈之一，指的是以中国为中心及历史上受中国文化影响很深、过去或现在使用汉字并曾共同使用文言文作为书面语、覆盖东亚及东南亚部分地区的文化区域，包括日本、韩国、朝鲜、新加坡、越南等国。

"汉字文化圈"内以中国传统文化为其主要内容，以汉字的使用为其显著特征，而中国周边其他国家的各民族文化在物质层面和精神层面上都受到中国文化内涵的深远影响。中国的书法在日本被称为"书道"，在朝鲜和韩国被称为"书艺"，在越南被称为"书法"，各类称呼均以汉字为基础，用毛笔舔墨书写，并常饰以题款印章。书法被认为是东亚的重要艺术和最优雅的写字形式，汉字写得好历来被认为是一种素养。在日本和韩国，书法具有广泛的群众基础。据统计，日本大约有2000万—3000万人在练习书法，而韩国历届总统和普通民众对书法练习也较热衷，习字者逾10万人。目前，以日、韩为主的东南亚国家更是海外"汉语热"的"热点"。因此对"汉字文化圈"内的外国学生来说，理解和接受中国文化要相对容易些，教学中可以将拓展书法知识、强化技能训练作为教学的主要内容，即在讲授书法渊源时可重点介绍书法于不同时期在东南亚各国的传播情况以及对各国书法发展产生重要影响的书法家；在技法训练时可以选择楷书之外的隶、行、草等书体，还可对他们提出掌握章法和进行创作的要求。

而来自欧美、非洲等许多"汉字文化圈"外的学生，其本民族文化与中国文化有很大差异，而且文字书写习惯不尽相同。在书法教学中发现一个有趣的现象，不少欧美学生习惯左手执笔，书写方式与中国人的书写方式全然相反，结果书写时闹出不少笑话。有鉴于此，对于这部分选修书法课的学生来说，书法教学内容应有针对性地进行调整，把了解一般书法常识，掌握基本用笔方法，强调临摹训练，学会初步欣赏，以巩固汉字学习和提高书写能力为主要目的作为培养目标，在书法知识讲授中重点介绍中国历史背景、文化民俗、书写工具及艺术特点；在书写技能训练中强调执笔用笔方法、笔画笔顺的规则、选帖临帖的要求，并从辨别书体的层面上初步培养其欣赏能力。总之，教授"汉字文化圈"外的学生时，教师要清晰认识和阐明两种不同文化背景的差异，尽力调动和维护他们的学

习积极性和热情，等他们的语言及文化知识提高到一定水平后，再传授较高层次的书法内容。

（二）根据汉语水平高低，实施书法内容的分级教学

当前海外学生汉语水平参差不齐，主要有两种情况：一般说来，在"汉字文化圈"内的国家或地区，学生的汉语水平要高于非"汉字文化圈"内的学生；而就学生个体来看，受教育程度高的学生汉语水平要高于受教育程度低的学生。因此，书法教学的内容采用分级教学很有必要。

对于汉语初学者或汉语水平较差的学生，书法课教学应以书写技能训练为主，文化内容的讲解为辅。教师在教学中要充分利用书法具有语言属性的特点，把书法教学对识字、写字所起到的辅助和指导作用充分体现出来。不少汉语初学者认为，相对于汉语的拼说而言，汉字书写的学习和掌握难度较大。而学习书法不仅能在教师教学和学生自行练习的过程中促进他们对汉字的认识和记忆，还能有效激发其学习兴趣，帮助其克服畏难情绪，并提高他们正确书写汉字的能力。在书法讲授中，应重点规范学生的执笔方法和书写姿势，让他们初步了解各种书体特征和辨析不同书体。比如，教学时就要以甲骨文中的象形文字入手，再介绍篆、隶、楷、行、草等书体的特点，最后师生共同完成不同书体里的辨析作业。这样既可以调动学生学习的积极性，又可以让他们了解汉字的演进变化，从而获得不错的教学效果。学生书法练习中使用的字应选自汉字课本，因为这些字能应用到生活或考试中；书体应选楷书临帖，不要选择行书或隶书。行书行文流畅但笔画多有简略，如果教授行书很可能会让学生混淆汉字的笔画、笔顺，甚至错误地记忆汉字的结构，从而写错字。隶书蚕头燕尾、风格独特，比其他书体易学。不少中国学生就是从隶书开始练习书法的。但是对只有初级汉语水平的外国学生来说，隶书却不太适合，因为在书写隶书时笔画多有变形，与他们在课本或考试中所遇到的楷体、宋体或仿宋体的写法不太一致。

对于汉语水平达到中、高级阶段的外国学生来说，他们的语言学习即将结束，文化教学就显得尤为重要。因此，在强调书写训练的同时应拓展其书法文化知识的广度和深度。在书法知识讲授方面，除强化不同书体的认知外，还应增加一些与历史、文化和民俗相关的信息。例如，在介绍古今重要书法家时，可用王羲之入木三分、书成换白鹅，王献之练字用尽18缸水等典故来说明中国文人学书时勤勉的态度和对艺术文化之道的执着追求；也可用张旭"脱帽露顶王公前，挥毫落纸如云烟"的故事来体现中国文人洒脱不羁的性格；还可用颜真卿以身殉道的悲壮情节来阐释中国文人字如其人的风骨和气节；并可在撰写春联时导入春节民俗文化和书法篇章结构的介绍；等等。在书写训练方面，可让学生先从书写自己的中文名字开始，再到写反映中国文化的字词短语、古诗及名言警句，不断激发其书写欲望和热情。在书体选择上仍以楷书为主，可细化到颜体、欧体和柳体等，并对其间字形结构和笔画的异同加以说明，让学生根据自己的喜好进行取舍。此外，可适当增加对

隶、行或篆书的书写规则和用笔的了解，进一步提高他们鉴赏书法作品的能力。在书法学习的最后阶段，应对章法和创作原则进行讲解，并在训练中加以实践。章法分为正文、款式和印章三个要素。在创作实践中可先用代表中国文化精神的字词（如龙、虎、福、寿、事在人为、学海无涯等）作为素材，让学生对作品内容怎样排列、怎样题款、怎样盖章做一番总体设计。

三、书法教学方法的建议

不少人认为教授外国人书法与教授中国人差不多。这种观点是对汉语教学中书法教学的误解，是对外国学生的文化背景和汉语水平缺乏考虑所致。我们根据学生所处文化圈的不同和汉语水平的高低对书法教学的内容进行了有针对性的分类或分级，而在教学方法上又应该如何调整才能达到最理想的教学效果呢？书法艺术教育应遵循一般艺术教育的规律，以技法技能的习得为大前提，采用严格、科学的训练方法，尽可能运用直观性、趣味性较强的教学手段，多示范、多练习、多评点，培养学生多动眼、多动手、多动心的学习习惯。在技术条件较好的地方，应尽量采用多媒体教学手段来提高教学效率和增强教学效果。

（一）结合教学目标、内容及学生实际情况，采用循序渐进的教学方法

对外汉语教学中语言文化的学习遵循由浅入深、循序渐进的原则，书法教学也应遵循这个原则。书法教学的目的是使外国学生初步掌握书法的基本理论，通过简单的练习，能够领略到书法的风采和魅力，学会欣赏，并掌握学习书法的方法和今后需要学习的内容，因此循序渐进的教学方法应与分类或分级教学的内容紧密结合。

在留学生初学书法阶段，对书法基础知识的讲授我们可用直观演示、讨论和任务驱动的教学法。比如，根据汉语课的字词内容给学生展示相关汉字在不同书体里的字形结构；或者欣赏不同时期的考古实物和碑刻字帖的图片（如龟甲兽骨上的卜文、青铜铭文、汉曹全碑文、唐颜勤礼碑文等）；再通过讨论，发现书体异同和基本特点；最后在课内完成教师安排的字形辨析作业。轻松、愉快的课堂氛围有助于他们对汉字的演进过程产生初步的感性认知，也能巩固和加强对所学汉字的记忆。课堂上还可以展示纸、笔、墨、砚等文房用具来加深留学生对书法的直观感受。

在技法训练中，对留学生的教学可由楷书入手，让他们从点、画学起。楷体是合乎规范的一种字体，与外国学生所用的汉语教材和汉语水平考试的印刷字体相似，因此首先选用楷书来训练初学书法者是较合适的。在教学中应采取示范教学法与自主学习法相结合的方法，让学生通过临摹书帖，先学点、画，再进行整字书写的训练。整字教学中教师要选取汉语课的字词，介绍汉字独体、左右、上下、包围、半包围等结构，并按照由易到难、由浅入深的规律，先教独体字，后教合体字。教师在讲解过程中，示范是重要环节，要让

学生直观地看到书写的过程，包括每一个细节，因为开始学习笔画的时候，运笔的起笔、行笔、收笔有许多微妙之处，难以用语言形容，学生只能通过教师示范来观察，从而加深对笔画及字形结构的理解和领悟。

在中高级阶段书法知识教学中，应根据学生的文化背景和汉语课中的篇章来教学，并挑选合适的书法文化内容。我们可用跨文化交际理论中的文化类比模式，以影视材料或故事讲述的方式介绍与书法发展相关的重要历史时期和著名书法家。比如在介绍王羲之的书法成就时，就可用英国文学中有关莎士比亚戏剧成就的评价："他不属于一个时代，而属于所有的世纪！"这既可提高学生的兴趣，又能促进他们对中国书法的认同。教学中还可结合春节、清明、重阳、端午等中国传统节日向学生介绍春联、应景诗句的格式和书写要求，这对他们理解汉语篇章有所帮助，同时也可简略讲解书法章法，为他们今后的书法创作打下基础。

技能训练应以临摹和示范为主，采用启发式教学，增加对学生习作的反馈。临摹分为对临和背临两种，是学习书法的最佳途径，也是书法习作的基础。不管是初学楷书，还是进一步习练其他书体，临摹都是书法教学的重要环节。只有反复临摹范本的点、画、字词乃至全篇，才能从中理解、领悟并掌握书写方法和技巧。

在中、高级阶段的技能训练中，示范尤为重要。通过多次示范，教师就能把笔画线条的多种变化、用笔的基本动作等讲得清清楚楚。教学中还应让学生参与学习过程，对照字帖找出自己在书写汉字时的欠缺，比较不同字帖字体，找出不同特征，从而达到提高其学习能力的目的。教师还应适当点评学生的临摹习作，对学生在用笔、字体结构等方面较为突出的薄弱环节作重点指导。

（二）利用教学环境和条件，推广以现代教育技术为主的多种教学方法

对外汉语书法教学通常沿用国内传统的书法教学方式，知识讲授以口头讲解为主；技能训练采用描红、对临、背临和习作依次渐进的方法。随着现代教育技术的发展，以计算机为核心的多媒体信息技术具有传统书法教学无可比拟的优势。目前，国内外高校的教学设施中以计算机为中心的多媒体群较为普及，并且外国学生对多媒体教学也比较熟悉和适应，这为丰富和改进对外汉语书法教学方法，达到教学的多样性、灵活性的目的提供了良好的条件。

首先，现代教育技术集声、文、图、像于一体，能使教学内容充实，形象生动。书法教师应熟练掌握课件制作等技术和使用方法以丰富教学，弥补传统书法教学缺少的形象性。教学实践证明，教师书写示范、对汉字笔画结构的讲解、名家名作的欣赏以及对学生临摹和习作的讲评等环节，若借助于多媒体课件可增强课程内容的丰富性和趣味性，这对外国学生更具吸引力。如用大量图片资料作为书法欣赏的教学内容可提高外国学生的欣赏水平，而用动画形式把书法技法的特点、书写要领生动直观地表现出来，更能为外国学生

理解和接受。

其次，中国书法是一门抽象的书写艺术，能通过线条及章法的变化体现中国文化的艺术精神。对外国学生而言，学好书法可能很难，因为学习内容中有不少书写技法只可意会不可言传。然而，如果书法教师能充分应用多媒体教学系统，就可以使较为抽象的教学内容转化为外国学生易于接受的直观立体的组合形式。在书法教学实践中，书法教师可以将传统的教学手段与现代多媒体教学手段密切结合，把教学内容编写成电子讲义或教材，并制作图文并茂且配套的音像材料，通过这种视听组合的教学模式，大幅度提高书法课堂教学水平。例如，在学生学习汉字或笔画结构的时候，教师可先用多媒体动画演示字的笔顺和运笔的轨迹，然后用毛笔在宣纸上示范笔画的变化和用笔的方法，以展示汉字书写的全过程。清晰、详细的直观教学，既可激发他们学习书法的兴趣，又可帮助他们掌握教学内容。

最后，利用多媒体教学系统双向互动的功能，开展学生自主学习和师生间的交流。书法教师可把教学课件和教材拓展资料以教学网站或博客的方式传到网上，专门介绍书法相关知识，学生能够根据自己的兴趣和爱好来选择学习内容，并根据自己的学习能力来确定学习进度。这种自主学习的模式不但能让学生巩固课堂所学的书法知识和技能，如书体沿革、运笔方法、汉字的结构形式、字和篇的章法布局等，还能激发他们的学习主动性，发挥其主体作用，从而达到学习目的。此外，学生还可使用电子邮件或在线留言的方式与书法教师展开互动，可以是观点讨论、疑难解答，也可以是评价自己或他人的习作。这种交流能让学生表达自己的思想，形成自己的见解，从而获得一种成就感，更能激发他们学习书法的兴趣。

书法与汉字紧密联系。汉字是中国语言、文化的重要组成部分，而书法则是蕴含独特文化元素的书写艺术，也是中国特有的一种传统艺术。书法是中国艺术精神上的最高境界，最能代表东方艺术和"汉字文化圈"的艺术精神。因此，在对外汉语教学中开设书法课程很有必要，不仅能加强外国学生对汉字的学习和记忆，而且能对中国文化的介绍和传播起到重要作用。通过汉字书法教学，首先可从书法的语言属性层面上提高外国学生对汉字的兴趣，加深其对汉字的认识和理解，学会正确书写和使用汉字，并能通过不断的练习实践创作出富有个性、有一定水平的汉字书法作品来；其次可从书法的文化属性层面上让他们了解书法的历史沿革和发展，让他们具备辨析字体，初步欣赏书法作品的能力，并进而领略中国文化的博大精深，了解和掌握一定的中国文化知识。此外，在汉字书法教学中，要科学、合理地安排和设计教学内容与方法，以有效地激发和维护外国学生的学习兴趣。目前，对外汉语书法教学正处于探索阶段，相关教学理论和实践有待进一步的深入研究。

第三节 报刊阅读课的教学策略

对外汉语报刊阅读课是在留学生汉语学习的中、高级阶段开设的一门课程，属于语言技能课的范畴。留学生经过初级阶段的学习，有一定的词汇量、语法基础，具备了基本的阅读能力，使阅读报刊文章成为可能。而他们在中级以上阶段的重要任务就是扩大词汇量，深化对语句和篇章的理解能力，同时留学生随着汉语水平的提高，希望通过中文来了解一些新闻报刊中的信息。报刊阅读这一课程正好可以满足他们的这种需要。

报刊阅读课既不同于精读课，需要逐词逐句地详细讲解课文中涉及的生词和语法；也不同于泛读课，泛泛而读，精力主要放在报刊文章的阅读速度和阅读能力的培养上。它有着自身的独特性，是介于精读和泛读之间的一种课型：教学内容既有报刊文章中常用的词语、句式，还包括一些文化方面的知识，教师都要在报刊课上传授给学生，同时还必须对学生进行把握篇章结构的训练和阅读速度的训练。规定的课堂教学时间内，报刊课的教学要达到既定的教学目标，取得最好的教学效果，让学生真正获得能够阅读中文报刊的能力，应该抓住报刊阅读课的根本和实质，采用以下教学策略。

一、用图式理论指导学生的阅读

从认知心理学的角度来看，阅读是一个复杂的认知心理过程，眼睛对文本信息进行扫描、收集，然后由视神经传递给大脑的相关区域，大脑感知到这些视觉信号后，对之进行解码和加工分析，达到理解的程度。人根据以往的经验，都会形成一个自己的知识体系，也叫认知结构，包括三个范畴体系，每个体系都至少有一套规则来规定一个事物或一个事件如何进入其中。德国心理学家弗雷德里克·巴特利特最先提出了"图式理论"，他把由不同范畴的知识构成的系统叫作"图式"，是对过去经验的反映或对过去经验的积极组织。当大脑感知到与自身的认知结构相关的信息时，储存在记忆库中的图式就被激活，如果新的知识信息能够和被激活的图示相吻合，图式信息就会被表征出来。

语言图式指的是读者对构成阅读材料的语言的掌握程度，主要是指学习者对于构成文章的词汇和语法规则等的掌握程度，如果对于词语以及语法规则都能理解，就能基本理解文章的意思。一篇文章中生词太多，学生在认知阅读文章时就会有太多的缺口，而无法理解其中的语句，因此，让学生提前预习生词是课堂教学进度的必要保证，否则学生就会陷入生词的泥潭，无法读懂文章内容，教师也就无法顺利地推进教学内容的安排。

内容图式是指读者对文章的主体以及背景知识的熟悉程度，有的时候学习者能够了解词句的字面意思，可是对于一些字面之后的含义或者言外之意，甚至背景知识不了解，也不能正确地理解所阅读的文章。中文报刊的主要受众是当代的中国人，是以大部分当代中国人所具备的社会背景知识和文化常识为基础的，社会文化知识（如颐和园的历史）、历史知识（如桃园三结义）、国家的大政方针（如计划生育、西部大开发等）、习用的缩略语（如建行、工行、人行、家教、关爱等），还包括为了适应报刊语言简洁的特点，临时出现的一些缩略词语、紧缩语等，俗语以及社会上流行的一些新词新语、网络词语，中国人都是口耳相传，非常熟悉，而留学生的知识结构中常常缺乏这些必要的知识，从词典等工具书中又查不到。报刊阅读课的教材题材广泛，涉及社会生活的方方面面，因此在课堂教学中要结合有关文化背景知识，使学生在理解中国文化背景知识的基础上，更好地理解课文的内容。

结构图式是指读者对文章逻辑结构、修辞方法、体裁特点等的了解程度，使学习者对于整篇文章形成一个总体的认识。因此教师在处理完整篇文章的词句之后，还应该按照篇章的结构进行总结，帮助学生更好地把握全文。

二、注重对学生阅读能力的培养

在报刊阅读的课堂上要把握和协调好教师讲解和学生阅读的关系，做到教师主导，学生主体。（一）对文章标题的导读。新闻标题包括主体、引题、副题，主题是标题的主体，表明新闻的主要内容，是不可缺少的；引题一般是指明新闻背景或新闻内容的意义；副题则对主题加以必要的补充。引题和副题都是根据需要而设，不是必需的。报刊文章的标题是内容的浓缩，所以对标题的理解是非常关键的。（二）词语教学。如某类报刊文章中的常用词语及其搭配、最近出现的新词、新语或者社会流行语、缩略词语等。句子教学、报刊语言都属于书面用语，具有一些不同于日常口语的特点，句子较长，修饰、附加成分多；书面语中存在着一些古汉语的句式，这些也正是留学生学习这门课程的难点之一。（三）篇章教学。帮助学生梳理、总结整篇文章的结构、层次等，让学生更好地全面把握整篇文章。

教师在帮助学生扫除了社会、文化背景知识和词句的障碍之后，一个更加重要的任务就是要训练学生对中文报刊文章的阅读技能和阅读速度。HSK考试大纲对阅读理解能力的具体要求：一是掌握所读材料的主要用意和大意；二是了解所读材料的主要事实和信息；三是跳越障碍，捕捉所需的某些细节；四是根据所读材料进行引申和推断；五是领会作者的态度和情绪。根据这些要求，我们要通过以下的办法来训练和提高学生的阅读技能：浏览，即快速了解文章大意；扫读，即用于查找需要的时间、地点、人物、事件、原因、结果、数据等；跳读，即跳越障碍，根据自己熟悉的词句来理解文章，忽略掉不认识的生词；猜测，既包括猜某个词语的意思，也可预测下文所要表达的意思，研究发现，上下文语境对自然阅读中的词汇学习有较大影响，语境的丰富程度会影响目标词的学习，强语境能降低词语的学习难度，尤其是对不透明词的学习有显著的促进作用；归纳，即有的篇章、段落有主题句，比较容易，没有主题句的要学会总结归纳层次、段落大意和篇章主要内容。在阅读课上要常常训练学生概括文章的主要内容，找关键词、关键句、总结语段的主题、分析语段或篇章中作者的思路和意图等。

当然，在课堂教学中这些阅读技能的培养不可能在每次课上都顾及，要根据学生已经具备的阅读能力和所学文章的特点来有目标地训练某一个或者几个方面的阅读技能。

阅读理解中还有一个很重要的因素就是阅读的速度。阅读技能是阅读速度的基础和前提，而阅读速度是阅读技能的一种体现。阅读速度应根据不同的篇章长短、难易程度来确定。限时阅读是帮助学生提高阅读速度的好方法，让学生在规定的时间内读完要求的篇幅。扩大视读广度、减少眼停次数、意群注视法、垂直注视法、波浪注视法、扩大视幅等都是训练速度的有效方法，教师可以根据阅读材料适当地训练学生的阅读技能。

三、课堂教学和课外泛读相结合

汉语教学教材中语料编选应遵守的普遍原则可分为两类，一类是语料编选必须遵守、不能违反的原则，我们称之为"核心原则"，包括"适度性"和"多样性"两条。

报刊阅读课选材首先应符合"多样性"原则，现有的报刊阅读的教材都注意到选材的全面性，内容涉及外交、经济、贸易、文化、环保、体育休闲、健康等诸多方面；体裁包括新闻报道、人物专访、时事评论、特写、通讯等类型。"适度性"使得我们的教材大都是精选的课文，基本都做了删改，篇幅不能太长。我们知道每一类报刊文章中都会有一些专业的、常用的词汇和表达方式、句式结构，甚至文章结构方式等，都有惯常的模式。我们利用报刊教材中所选用某一类内容的典范性的文章，让学生基本掌握这类报刊文章中常用的词汇和表达方式。

对外汉语教学教材中语料编选应遵守的普遍原则的另一类虽然并非一定要遵循，但如果具备的话，会对语言学习起到锦上添花的作用，我们称之为"辅助原则"，包括"知识性""趣味性""真实性"等。

报刊阅读教材中的课文都是编著者精选的语料，具有科学性和系统性的特点，教师通过课堂教学使学生掌握了报刊语言中常用的词语和结构。但作为报刊阅读来说，报刊的内容反映的应该是当时的情况，而一旦被选入教材，需要编著者进行加工整理，然后才能出版发行，那么报刊教材中的课文就不可能是最新的语料。我们无法苛求报刊阅读教材能够满足我们对时效性的要求，为了解决这一问题，一个很好的策略就是结合课堂教学的内容给学生留泛读的课外作业，这样可以让学生根据课堂教学中涉及的领域范围，自己去选择这一范围的最新报刊文章来作为泛读材料进行阅读，或者做课外剪报，拿回来大家一起交流。这样不仅使学生巩固了课堂上学习的语言知识，而且扩展了阅读的范围，养成了阅读的好习惯，同时也了解了当今的最新信息，使报刊课的课堂教学能够取得更好的教学效果。

第七章　新媒体环境下的现代汉语教学

第一节　新媒体时代现代汉语教学资源的整合与利用

当今中国，社会信息化趋势日益凸显。新媒体时代的到来，不仅改变了我们的日常生活，也改善了我国高校的教学手段。在当前背景下，现代汉语教学的重要性更加明显，直接关系到学生的文学内涵和文化素养，以及大学生的语言表达能力等问题。通过利用新媒体，将现代汉语教学的视野拓展、口径扩大、效率提高、趣味增多，有利于丰富现代汉语课程的教学资源，更加焕发汉语言教学的活力，推动现代汉语课程教学的稳步前进。

一、新媒体时代现代汉语教学资源整合利用的可能性与现实性

科学技术不断发展的当今社会，新媒体技术也成为教学改革的重要手段之一。"新兴传媒传播的信息是社会变迁的晴雨表。"新媒体作为信息载体，其包括丰富的资源，内容贴近社会实际，不仅能够引起学生的学习热情，还能够激发教育工作者的创新能力。利用新媒体技术将现代汉语教学资源加以有效的整合利用，能够促进现代汉语教学的进步，实现教学与实际相结合。

（一）新媒体蕴藏丰富的资源

新媒体是信息的载体，大量信息通过新媒体的传播，很快融入人们的社会生活。在现代汉语教学过程中，同样需要大量的信息和资源，而新媒体正好可以弥补现代汉语教学的不足，为现代汉语教学提供大量的社会资源和信息。新媒体能够反映出当今社会日新月异的变化，时事政治、社会万象、娱乐新闻等大量信息都蕴藏着丰富的资源，通过新媒体的传播，人们可以时刻了解社会发展动态，一些新兴词汇的出现，可以为现代汉语教学与研究带来新的生机，在教学过程中通过分析这些新兴的内容，来体现学习现代汉语的精髓与实质，促进现代汉语的丰富和发展。

（二）新媒体的使用方便快捷

当前，新媒体的使用也越来越大众化。手机已经成为大学生必不可少的生活用品，电脑也是大学生们的标准配置。收发短信、语音视频、网络追剧、微博讨论都已经融入大学生的日常生活，在此过程中，不仅有大量的信息传递，情感的交流，感情的抒发，还有语言的多元多质及丰富的语言技巧和鲜明的语言特点。因此，新媒体不仅拉近了人与人、人与社会之间的联系，在课堂上，也增强了现代汉语的实践性。新媒体技术运用简单，操作方便，信息量大且传播迅速，而且新媒体技术可以将文字、语言、画面有机结合起来，能够有效转变现代汉语课程教学模式，提高教学成效。

（三）新媒体在教学中具有实用性

新媒体在现代汉语教学过程中能够实现全方位的教学目标。语言学习包括语音、词汇、语法三要素，在现代汉语教学过程中，也要注重这三方面的联系。将现代汉语与新媒体相结合，能够促进学生对现代汉语的掌握和运用能力。例如，拼音输入法可以训练学生的普通话；韵文的学习和运用能够提高学生的语言使用技巧；连续联想输入法能够促进学生的想象力，为现代汉语注入活力。运用新媒体，播放影视作品、流行歌曲等，都能体现出现代汉语的魅力，还能够将汉语使用过程中出现的问题用最有效的方式展现出来，使学生印象深刻。

二、整合利用的方法和途径

新媒体与现代汉语教学相结合能够提高学生的兴趣，也能提高现代汉语的实用价值。怎样将新媒体技术与现代汉语有机地结合起来，在不破坏课堂秩序的情况下，提高现代汉语教学效率是一项重要课题。"要大力推进信息技术在教学过程中的普遍应用，促进信息技术与学科课程的整合。"新媒体与现代汉语教学资源的整合也有重要的实践意义。

（一）积累和筛选教学资源

积累和筛选是教学资源整合的前期准备，在多媒体时代，教学资源具有多样性，所以要在丰富的资源中进行筛选，因为并不是所有的内容都适合用于教学。因此，在课前需要对有效资源进行筛选，然后积累。大量的资源收集到一起，并不是简单的堆积，还需要整合。在新媒体时代下，对教学资源进行整合的方法有多种，一般形式有重新组合、技术分类、科学改编等。利用新媒体技术将收集来的教学资源进行有效归类，然后重新组合，现代汉语教学需要更多的具有时代特色的内容，所以在准备教学前，可以将收集到的资源进行科学改编，使得教学内容更加适用于课堂教学。组合、分类、改编都是现代技术的一部分，将新媒体技术与现代汉语教学资源有效结合，不仅凸显了新媒体技术的优越性，也能通过新媒体技术来表现出现代汉语的独特魅力。

（二）生成和构建课堂资源互动

在现代汉语教学过程中，课堂互动是提高教学效率的最有效的方式之一，在新媒体技术的支持下，课堂上教师通过运用新媒体，让学生更加热爱现代汉语学习。例如，通过播放新闻联播中所报道的国际或国内时政、社会热点等问题展开讨论。在此过程中，不仅训练了学生的逻辑思维能力，还训练了语言表达能力，而且在新闻联播的过程中，学生也可以听到最标准的汉语。运用来自社会和媒体的鲜活语料，虽然能够激活课堂气氛，但还是有一定的负面作用。例如，对于中性的社会话题，在讨论过程中就会产生较大的分歧，虽有运用价值，但是对于这种资源的把握难度较大，教师要善于分析价值并且利用有效方式，进行总结和阐述。

（三）练习与实践相衔接

"语文学习的外延等于社会生活的外延。"因此，课后演练是对新媒体时代汉语教学的实践，现代汉语教学并不是拘泥于课堂，而是要开阔视野，激发创新能力。精心设计课外教学活动，利用教学资源，运用新媒体，开展丰富的交流与竞赛活动，是鼓励学生亲身参与现代汉语实践的有效方法。通过快速打字、朗诵、写作竞赛等，都能够加强学生的实际操作能力、巩固知识并且提高技能。在户外将现实的教育资源与新媒体结合运用到现代汉语教学过程中。例如，户外风景如画，可以图配文的形式把文字转换成语言，更能体现出现代汉语的实际应用价值。整合和利用现代汉语多媒体教学资源，更能彰显现代汉语的实践价值。

新媒体时代，现代汉语教学资源的整合和利用，旨在将现代汉语课程教学活动的资源最优化，它包括课前准备、课中实施以及课外活动，与传统教学相比，新媒体时代的现代汉语教学具有很大的优势和特点，但我们也不能否认传统教学中的优点，传统教学中凝聚了许多专家学者的思想智慧，是长期科研与实践的成果。传统教学资源的最大特点就是严谨、权威、准确。因此，在科学技术不断发展的今天，我们既要保留传统教学中的精华部分，又要充分发挥主观能动性，借助新媒体技术，将传统教学资源与创新的教学资源加以有效整合，使现代汉语教学能够与时俱进，凸显现代汉语教学的重要性，彰显现代汉语的深刻内涵和独特魅力。

第二节　大学现代汉语课程教学模式探索

当前各高校大学生的汉语表达能力普遍下降，中文专业的学生也是如此。造成这种状况的一个重要的原因就是缺乏语言文字的相关理论素养和实践训练。而同时，中文专业的学生未来的职业又多对语言文字运用能力有着较高的要求。

大学中文专业的语言类课程，特别是现代汉语课程正是语言理论和语言实践的结合。现代汉语课程的良好教学状况有助于学生掌握语言文字的相关理论，树立规范运用汉语的意识，并进一步提高汉语运用能力，提高其就业竞争力。但是现代汉语课程的教学实效性普遍不高。一方面，传统的教学模式难以激发学生积极参与；另一方面，课程的讲授内容缺乏和实际生活的联系，难以引发学生的学习兴趣。现代汉语课程主要从语音、词汇、语法、语用、汉字等方面对现代汉民族使用的语言进行系统、深入的介绍，但教材内容重语言理论轻语言实践、重语言体系介绍轻创新成果引入、重传统研究轻与时俱进，难以让学生产生兴趣和共鸣。

这里试图从课程教学内容、课堂教学方式、课后辅助教学形式等方面对现代汉语课程的教学模式作一些探索，以期改善现代汉语课程的教学效果，切实提高学生的语言文字运用能力。

一、调整教学内容，使其更贴近实践和现实

现代汉语课程目前的教学内容，一方面重理论介绍轻实践训练，另一方面缺乏与时俱进，没有很好地和当前的社会生活联系起来。要想真正通过该课程教学激发学生兴趣、提高学生语言能力，需要对现代汉语的教学内容进行调整。在语言理论学习内容的基础上，增加社会热点语言现象调查研究、与学生未来职业能力相关的语言项目教学实践等内容，使理论与实践、课程内容和社会生活有机结合起来，增加理论的现实性和针对性。具体来说，针对学生"只知文学家，不闻语言学家"的状况，可以向学生推荐介绍相关语言学家的生平和研究成果，将课本中的理论和生活中的人物对应起来，拉近学生和语言理论的距离。针对学生理论学习多、语言实践少的状况，可以设计方言调查的教学内容，引导学生初步运用理论进行实践，调查自己方言的基本面貌，关注方言生存的社会文化问题。针对学生未来的职业能力，可以引入小学阶段的拼音教学、汉字教学、词汇教学，以及针对留学生汉语项目教学等实践内容，既可以巩固所学理论，又可以锻炼教学能力。

此外，外来词语、网络词语、广告用语等语言现象的实践调查、理论阐释、规范研究

等都可以设计为生动的教学内容,让学生感受到语言与社会生活密切相关,培养在社会生活中关注语言现象、发现语言魅力的习惯。

二、构建形式多样的互动式教学课堂,提高学生的参与度

传统的现代汉语课程的课堂教学模式一般是教师台上讲、学生台下记。这种模式导致的结果常常是学生参与度低,对很多知识的理解流于表面,动手能力差。本文认为要切实提高课程的教学效果,学生的主动参与至关重要。为此,课堂应该采用形式丰富的互动式课堂教学。经过几年的探索和实践,本文提出如下几种课堂互动模式以资参考。

(一)语言实践互动教学:以学生为主体

现代汉语的教学应该改变脱离实际生活的状况,引导学生关注身边的、社会的各种语言现象,让所学落到实处。基于此,教师可以有意识地引导学生将课堂理论与日常学习生活的实践、未来职业联系起来,帮助学生设定实践目标,展开相关调查,在调查的过程中将所学的理论与现实结合起来,发现问题并通过师生间的互动、小组成员的交流和文献资料的查阅等方式寻找问题的根源和解决的思路,并将调查学习成果总结成报告或 PPT 在班内进行交流。比如,汉语拼音方案的内容和学生未来的教师职业相关,它是小学语文教学和国际汉语教学的重要部分。本部分内容可以分为两步,第一步,引导学生对拼音教学进行文献研究,第二步,布置学生进行汉语拼音教学的实践活动,让学生学到的知识真正落到实处。

(二)案例收集互动教学:让学生参与教学过程

案例分析式教学是现代汉语课程日常教学常用的方式。现代汉语实质上是用一套抽象的规则描写语言体系,对规则的理解离不开案例分析。所以,案例的选择对现代汉语课程的教学效果有重要影响。要想达到好的教学效果,一方面,需要教师与时俱进,精选电视、报纸、书刊等媒体上的相关案例开展教学,另一方面,鼓励学生一起收集生活中、媒体上的相关案例共享。在这个教学过程中,学生直接参与进来,与老师共同经营教学,既能有效激发学生的学习兴趣和深度思考,又增强了内容的现实感和实践感。比如,在语音部分,可以动员学生收集身边同学不规范语音现象;在词汇部分,引导学生收集自己在网络语言生活中的语言案例等。

(三)专题讨论互动教学:关注重点、难点、热点

教师根据学生的学习情况,结合多年教学经验,确定每章的重点和难点,同时根据学生的接受程度适当引入学科热点,组织学生围绕这些问题展开讨论,通过师生之间、生生

之间的讨论、交流，深化学生对重点、难点内容的理解，激发学生对热点问题的思考。比如，汉字部分，繁简字是教学的重点和难点，也是社会讨论的热点，可以引导学生查找汉字简化运动历史、主要规则等资料，较深入地了解汉字的发展历史，引导学生开展实践活动，也可以读一篇繁体字古文，或者将一篇简体字文章转换为繁体字文章等。在实践过程中，让学生亲自感受汉字简化运动的利与弊、繁简字的复杂对应关系，最后组织学生展开讨论，根据自己收集的资料和实践感受形成自己的关于汉字简化运动利弊的认识。

（四）自查自测的互动课堂作业：在自主测试中深化理解

现代汉语课程的学习效果与练习的形式和数量大有关系。以往的课堂作业一般由老师布置或教材提供，作业和练习起到一定的作用，但是也常常出现学生应付、没有实现巩固所学效果的现象。本文提出应该改革课堂作业形式，让学生自查自测。每章内容结束后，老师提供一份作业或测试题目样板，由学生分组自行另出一份作业或试题，各组交换试题进行解答，出题组负责批改，答题组对批改情况进行复查，两组就相关问题讨论。这样的课堂练习模式能很好地调动学生的学习热情，促使他们在一连串的环节中细化、深化所学内容。

三、采用新媒体技术创建课程微信辅助教学平台

大学生熟悉各种网络交流媒介，也喜欢尝试新鲜事物。微信兴起后，一跃成为大学生的新宠，使用微信进行碎片化阅读也成为大学生新的阅读方式。基于此，在课堂教学时间有限和空间受限的情况下，可以充分利用微信平台将现代汉语的课堂延伸到课外，教师与学生之间在课后也可以开展广泛、深层次的沟通、交流和互动。目前，利用微信平台可以实现以下多种形式的辅助教学功能。

（一）通过平台发布教学资源

教师可以利用微信的信息发布功能将课程的教学资料发布在平台上，学生可以随时浏览，反复阅读。

1. 章节要点

包括章节学习重点、难点。教师将一些需要重点复习的章节要点发布到平台，学生可以随时使用手机进行复习浏览。比如，汉语教学的内容，在课堂讲解示例后，把要点发布到平台；语法章节的教学结束后，把章节要点发布到平台。

2. 作业、练习

包括章节练习发布，各类拓展作业、实践活动作业的布置。现代汉语课程的学习需要

较多的练习。除了课堂练习和课本的练习外，教师收集或自拟练习和测试，章节学习后、考试前发布到平台，由学生课后训练。一些要求比较繁复的实践作业也会提前发布在平台，方便学生严格按照要求准备。

3. 拓展材料

包括语言类、学习方法类等参考资料。教师根据教学内容选择相关的阅读文章、资料发布到平台，引导学生通过阅读较为深入地了解现代汉语的相关内容。比如，在讲词典时，推荐《现代汉语词典》修订历史的资料，让学生很具体地体会语言研究怎么做；针对学生对语言学家很陌生的情况，推荐介绍语言学家的文章；等等。

此外，也可以通过微信的"关键词"回复功能，设计专门的试题，学生通过"关键词"提取后进行测试。

（二）通过平台进行辅导答疑

微信平台设有用户管理功能，利用该功能可以将学生用户实名登记并分组。用户登记完成后，可以利用"回复"功能，与学生进行互动。学生可以发送作业，教师回复批改；学生也可以提问，教师回复解答。

（三）通过平台展示学习成果

平台可以发布的内容非常丰富。发布学生的作业、教学活动报道等可以更好地激发学生的学习和参与热情，让平台真正成为学生学习的平台。

总之，大学生是一个特别的群体：他们拥有强烈的学习欲望，需要学习交流平台；他们经常使用移动互联网，关注新媒体新技术；他们喜欢体验新事物，希望教学更新潮。目前，微信已经成为大学生交流沟通的主要方式之一，如何发挥这个平台的教育作用值得思考和探索。如果微信辅助教学平台构建合适，势必会让学生更主动地关注和参与课程的学习。

第三节 基于微信平台的现代汉语翻转教学模式探讨

网络化和信息化是当今时代的特点，随着新媒体时代的进一步发展，微信公众号进入人们日常生活的方方面面，利用微信公众号为专业教学服务，不仅增强了学生学习的参与感，还丰富了教学模式，促进我国教育事业的发展。传统教学方式就是一种将教师当作核心、将知识教授当作重点的方式，是围绕板书、考试、教学规定的一种方式。在这一教学方式内，学生只学会了被动性地记住教师讲解的知识点，在课堂内没有跟教师进行互动，也没有一个良好的学习气氛；同原来的教学方式有所差别，借助翻转课堂进行教学就是一种将学生当作核心的方式，学生成为学习中的主导，教师则成为指导者，这是一种"信息技术＋教学"的方式，也是一种提前预习、课上探讨的方式。

信息技术的进步，使得学生在进行现代汉语的学习期间，可以借助网络，收获各种各样有关现代汉语知识的信息及材料，而不是只将教师在课堂内教授的知识点当作唯一收获知识的源泉。微信发展速度令人瞩目，截至2021年，微信月活跃用户达12.51亿人，几乎覆盖所有人群。微信不再局限于个人与个人之间的交流交往，更被广大社会组织使用在日常的人员工作管理以及生产营运活动中。微信的无时间、空间限制等优点有效地改善了教师教学的方式，提高了教师教学水平。

一、微信平台在现代汉语翻转课堂教学的应用价值

（一）提升学生的学习兴趣

微信是一种新兴的社交媒体软件，通过手机、平板电脑等媒介，及时利用图片、语音、文字、视频等进行沟通，操作简单、灵活开放、功能强大，因此在各行各业得到了广泛的应用。而将微信平台应用到现代汉语翻转课堂教学当中，能够有效强化教师和学生之间的互动和交流，也能够将其价值充分发挥出来，还能够有效推动教学模式的革新。微信平台让教学变得更加简单，通过微信将文字、声音、图片传达给学生，有效地丰富了教学手段。学生可以根据个人的喜爱进行学习内容的选择，有效地实现了学习的个性化。

（二）实时交流和沟通

随着微信的广泛应用，微信公众平台应运而生，微信公众平台是一种多渠道、快捷、准确及方便的新媒体，其是在微信基础上增加的新的功能模块，支持移动互联网及PC端的登录，用户通过绑定私人账号群发文字、语音、视频、图片、图文消息的内容。此外，微信吸引着思维活跃、容易接受新生事物的大学生们，成为学生校园生活不可或缺的一部分，同时学校应适应时代发展的需求在现代汉语翻转课堂教学中运用微信公众平台，进而创新教育活动，提高学生的个人素养。微信公众平台开通后，就能够让学生以多种形式同教师进行直接的互动和交流，提出自己对教学的建议，比如以表情和图片、视频以及音频的形式。同面对面访谈以及问卷调查的形式相比起来，学生在微信公众平台上所反馈的信息，更能够将学生真实的看法反映出来。

（三）随时随地学习

借助微信公众平台，学生可以打破空间、时间的限制，获得自己所需的信息。不管是预约续借还是挂失借阅证等服务，学生都可直接在平台上办理，而且学生可在平台上直接进入一些数据库当中寻找自己所需的资料，这样不仅给其带来了极大的便利，还能够使得教师的工作量得以减少。更为重要的是，对微信平台进行关注的学生，可将自己碎片化的时间充分利用起来，阅读平台所推送的内容和信息。

二、微信平台在现代汉语翻转课堂教学中的运用策略

（一）注重对相关教师开展教育及培训

当前，现代汉语教学依旧存在很多问题，而对教师进行教学的能力及水平加以增强及提高是妥善处理这些问题的关键。在还未通过微信平台开展翻转课堂之前，教师就应当具有相应的制作视频的能力。虽然对视频进行制作可以请教于学校聘请的专业工作者，但是对教师来说，还是要掌握最为基础的制作视频的方法。如此，就可以极大地促进翻转课堂得以顺利开展。事实上，翻转课堂已经真正地颠覆了原来的教学方式，为此，教师有必要构建新兴的教学观念，在进行教学期间，制订出更为周全的教学规划，以促使学生产生更多对现代汉语进行学习的兴趣，同时还要从各方面促使学生的个人性格获得发展，这些对于教师而言都是不小的挑战。对于这样的挑战，教师就应当定期去参加培训及教育，以充实自我，不但能转变教学观念，提高教学素养，还可以提升自己微信平台的运用能力，如此就能使教师更快地把握制作简单视频的技术，从而突破原来教学内的常规，形成新兴的教学理念，借助全新的教学方式实施教学。

（二）确保平台推送内容的质量

以往的现代汉语教学对于教育资源的再利用和传播不重视，教学资源主要通过学生上课记笔记与老师的课件进行传播，但大部分学院学生对现代汉语教学内容不感兴趣，这就导致学生不认真听老师的课，更少记录笔记，进而使现代汉语资源传播困难。此外，现代汉语的课程较少，使得学校现代汉语教育相对薄弱。微信公众平台的运用，实现了现代汉语资源的广泛传播。这是由于微信公众平台对信息的传播快捷、准确及方便，并能够对传播的信息进行储存，其在现代汉语翻转课堂教学中的运用，使学生能够无限重复地学习教育资源，而且学校可以非常容易地传播现代汉语资源，学生也更容易接受现代汉语内容。

现代汉语教学应用微信公众号平台的关键在于，其所推送的内容和信息能够符合学生的口味，满足学生的需要。因此现代汉语教学在建立微信公众号平台的过程中，不仅要充分利用好微信平台的优势，共享教师的丰富资源，同时还要向学生传送有质量、有价值的

内容，使学生获得较好的体验。第一，要确保平台推送内容的原创性，注重平台的长远发展，而不能够为了博眼球，传播一些爆炸性的信息；第二，在编辑内容的时候，要浓缩内容的精华，精心进行排版；第三，在设计内容形式的时候，不仅要考虑文字和图片，还要考虑简短的视频以及语音，这样才能够有助于学生缓解文字阅读的疲劳；第四，推送频率和推送时间。推动频率不应过高也不应过低，推送频率过高可能会，而过低的推送频率，就会让学生放弃对公众号的关注。因此，除了发送一些意外情况的意外通知，应确保每天均有推送内容，每期要保障有几条有价值的内容和信息。

（三）增强学生的引导和督促

教师要多注重学生的课后活动，并对其自行开展的学习加以引导、督促与激励，确保学生能够正确对待翻转课堂内的所有教学内容。在使用了翻转课堂以后，学生会愈发喜爱观看视频材料、同教师互动等这些轻松的教学方式。因此，教师应当要合理借助微信平台，将其中的各个步骤同内容加以贯彻，以凸显出更大的作用。翻转课堂本身的特殊性就是其能够缩短教师课上传授信息时长，节省出很多课堂空间，让教师同学生间能够更好地进行交谈，这不仅能使教师通过和学生的交流互动，增进彼此的情感，也能缩短两者的距离。教师在上课之前进行教学目标、教学重点、教学难点的设计，并且制定好课前学习任务，让学生进行课前预习。教师根据教学的目标和任务进行教学视频的录制，并且标明重点和难点，最后通过微信平台让学生进行自主学习。学生通过在线进行自主学习，教师通过网络平台进行指导，并且需要加强主题的探究，引导学生进行课堂的教学讨论。之后让学生进行学习汇报，帮助学生进行理论知识学习的巩固。课后，学生自我完成作业，并在微信平台上分享学习心得，加强交流。教师在进行批改时，需要将存在的问题与学生及时进行探讨，并且根据学生的表现、谈论以及作业完成等因素进行成绩评定。

运用微信公众平台进行现代汉语翻转课堂教学工作的开展已经成为时代趋势，这也是学校新的机遇与挑战。一方面，微信公众平台的运用带来的机遇，为学校的现代汉语翻转课堂教学工作提供了载体，有利于学生素质的培养与教学模式的创新，还有利于实时了解学生的思想状态，进而深入探讨学校现代汉语翻转课堂教学工作；另一方面，微信公众平台的运用带来的挑战，学校将面临如何科学合理地进行网络舆情与信息的监控等问题。因此，在这种情况下，学校相关工作人员要不断优化微信公众平台在现代汉语教学中的运用，并对其深入、全面、科学地挖掘，进而有效提升现代汉语的教学水平。

第四节　新媒体在对外汉语教学与国际教育中的应用

一、新媒体在对外汉语教学中的应用

大众传媒的时代正在逐渐逝去，个性化的、参与式的新媒体时代正在来临，这将深刻改变整个传媒业以及我们生存的社会。当今时代，建立在计算机信息处理技术基础之上、依托于数字化网络互动传播的新媒体，正全面进入对外汉语课程教学的各个环节，并有深入发展的趋势。新媒体主要以电脑、移动通信设备、数字化电视等为终端，通过搭建网络平台、运用即时通信软件、分享互联 P2P 资源等方式向用户提供最新资讯与互动空间，移动性、即时性、互动性是其显著特征。新媒体在对外汉语课程教学中的运用，有助于优化教育资源，厘清教学体系，树立教学新规范。尽管当前还存在诸多问题，但从发展前景来看，这将是对外汉语课程教育革新模式发展的必然趋势。

（一）对外汉语课程教学中新媒体的应用分析

当前对外汉语火热的发展态势，对对外汉语教学的从业人员素质、教学媒介载体、教学方式方法等都提出了更高的要求。建立在计算机信息处理技术基础之上、依托于互联网数字化传播的新媒体，正好顺应了这一时代趋势。电脑、手机、移动电视等多种终端成为随时随地接收信息、交互体验的理想渠道；终端衍生出来的聊天软件、微博平台、论坛空间等新介质成为教学情景设置、资料汇集的最佳工具。同时，传统媒体的广播、电视、电影、书籍、报纸、杂志等资源，都在新媒体时代得以整合。对其综合运用、因势利导将有利于拓展对外汉语教育的传播途径，革新对外汉语教育的推广理念。

对外汉语教学通常也被称为第二语言教学或汉语作为外语教学，其教学对象是以其他语言为母语的国家或民族的人，教学目标是培养学习汉语的外国人的语言交际能力，具体来说就是培养其听、说、读、写的全面运用能力。早在 20 世纪末，国家对外汉语教学领导小组就提出要重视用现代化信息手段进行对外汉语教学，把对外汉语教学纳入利用现代化信息手段进行教学的轨道。目前，对外汉语教师与外国学生在生活中都广泛使用移动互联网终端，但将这些新媒体与汉语学习结合起来的却并不多见。新媒体在对外汉语教学中有广阔的发展空间，如果加以重视，制定措施并付诸实施，可以大大提高教师教授汉语的成效与学生学习汉语的效率，促使对外汉语课程传统教学中以教师为中心的知识传授型教学模式，向以学生为中心的能力培养型教学模式转化，从而全面提升对外汉语课程教学的成效。

（二）对外汉语课程教学中新媒体应用的三大优势

1. 新媒体延伸了对外汉语教学课堂

目前对外汉语教师数量不能满足小范围授课机制的需求，很难帮助学生实现汉语的熟练学习。对外汉语教学中这一难题，其实可以通过引入新媒体予以解决。相对于传统媒体，建立在互联网基础上的移动信息设备、数字化终端以及信息载体平台等新媒体，具有全天候的优势，传播自由开放，不受时间与地点的局限。汉语学习者可以按照自己的需求，获得需要的最新资料与交际素材。同时，新媒体在对外汉语课程教学中的推广，使得即时互动教学成为现实。这种全新的教学模式，完全打破了对外汉语教学课堂在空间、地域方面的局限，在很大程度上实现了跨区域师资优化组合分配，在教师教案准备、师生之间互动交流方面都有着极强的优势。学习者可以利用互联网或者联网设备，在学习平台和信息交流工具上向教师咨询、问疑、分析案例等，并制订个性化的学习计划。这种借助新媒体的学习，是一种集音响图画、即时交流、信息分享于一体的交互学习，能有效促进学生的主动探究兴趣，激发语言学习过程中的发散思维。

与此同时，新媒体应用背景下的对外汉语课堂延伸，在很大程度上实现了跨区域师资优化组合分配，在教师教案准备、师生互动交流方面均具有极强的优势。学生能按自己所需甄选教学资源和设计教学情景，教师则由教学主导者变成辅导者，真正实现以生为本，将呆板的书面文字教学转化为多样丰富的媒体运用和资源辅助性教学，从而全面提升学生的自主学习能力，激发他们主动寻求汉语学习资源和机会的潜力。此外，教师还可以积累丰富的新媒体应用教学经验，革新学习内容、创新方法，开发出富有时代气息的对外汉语新教材。

2. 新媒体强化了对外汉语教学的情景性

语言学习最重要的就是交流，或者模拟真实交流情景。使用传统媒体的对外汉语教学很难达成这一诉求，因此教学效果欠佳。随着互联网数字技术的发展，新媒体极大地促进了语言学习的交际互动性。例如，在新媒体终端上运用最多的网络聊天软件，正逐渐取代传统通信设备成为当前最为流行的远程交际媒介。微信、QQ等，早已成为学习汉语的留学生最常使用的网络交际工具。新媒体终端上应用的这些软件，不受地域和空间的限制，支持多国语言，既可以一对一进行文字交流，也可以多人同时群体交流，极强地模拟了真实交际情景。随着科技的进步，这些软件不仅可以进行文字交流，还能进行语音、视频交流，从而实现跨区域的即时互动，完成口语交际的训练要求。除此之外，数字报刊、数字广播、手机电视、移动电视、网络、桌面视窗和其他手持终端等新媒体，利用文字、图片、声音、图像可构建极强的真实交际情景，帮助学习者提高语言表达技能，有效地避免了传统汉语教学中存在的先文后语、过分强调声调等误区，为学习者带来最贴近中国社会文化的学习材料，提高跨文化交流能力。其优越性有四方面。

（1）能提升信息获取量

汉语学习者在利用互联网聊天软件交际的过程中，文字交流多于语言交流，有效地提升了交际信息获取的精准性与复杂性，达到了较好的交流效果，提高了学生的文字表达能力。

（2）能有效改善言语交际训练

汉语学习者在利用互联网聊天软件交流的过程中，教师合理引导、适当监督，将言语交际的主导权交给了学生，真正实现言语训练的放权，变言语教学为口语训练。

（3）能合理引导交际心理

汉语学习者利用互联网聊天软件进行交流，允许延迟表达，能有效降低面对面交流不畅带来的心理焦灼感，为言语训练提供更为宽松的交际环境。同时，网络交流的匿名性质最大程度降低了交际陌生化带来的疏远感，从而帮助汉语学习者提高使用汉语表达的信心。

对于来自各国的汉语学习者而言，要形成汉语表达关联，反复模仿和训练必不可少。通过运用新媒体终端上的互联网传播平台、聊天软件等，则比较容易实现这一要求。相对于传统体现主流价值观的教学训练平台，新媒体互联网平台的文化属性更强。文化与语言从来都是密切相关的，言语信息中常常包含着异常丰富的文化密码，人的言语表达能力也只能在文化语境中才能得以进一步提升。正如美国语言学家萨丕尔所说：语言的背后是有东西的，而且语言不能离开文化而存在。所谓文化就是社会遗传下来的习惯和信仰的总和，它可以决定我们的社会组织。言语学习的过程其实也是文化介入的过程，通过言语交流的过程进而达到文化的认知。互联网交流中的语言素材鲜活，贴近真实交际情景，比较全面地反映了中国当前社会生活的面貌，为汉语学习者带来了最准确的言语表达模式。这样的言语交际训练，能使互联网环境中的言语表达依托文化背景，提高汉语学习者的跨文化交流能力。新媒体终端上的聊天软件和传播平台等为学习者提供了充分的文化氛围，帮助汉语学习者快速进入文化情景，从而学会汉语的准确表达。

3. 新媒体保证了对外汉语教学的时代性

基于互联网技术的新媒体，以信息量大、快捷、实时性为主要特征，能有效保证对外汉语教学内容和形式与时俱进，富有时代性。基于互联网技术的电脑、手机等信息接收终端，是新媒体时代广大受众接受信息的主要介质。目前中国手机可以说已基本普及，这些都充分地证明了新媒体在当前信息时代中传播文化的重要性。就对外汉语课程教学中新媒体的运用实效而言，新媒体打破了传统书面知识的线性结构，充分发挥了网络信息图、文、声、像并茂，即时传递等特点。在教学过程中能促使学生发挥全身的感官体验，保持精力集中，提升学习兴趣，增强学习效果。与传统的简单言语、文字的课堂教学相比，新媒体的介入为教与学的双方提供了更加鲜活的交际素材和话题，更贴近真实的交际环境，能有效提升汉语学习者的实际运用能力。

新媒体保证对外汉语教学与时俱进最明显的实证，就是汉语学习者对网络新词汇的学习。由于是语言教学，如何保证教学内容中语言素材的鲜活性成为对外汉语教学必须面对的首要问题。随着互联网在中国的兴盛，应运而生的网络新词汇与中国当前民众的生活紧密相关，已经成为了解中国舆情、民情、社情、国情的窗口，具有强烈的时代性。这些网络新词具备新潮时尚、简洁生动、幽默风趣的特征，其数量之大、更新速度之快、传播面之广、影响力之强令人侧目。对外汉语教师帮助汉语学习者利用新媒体学习网络新词，不仅能让学生获取鲜活的实用性语言，提高交流能力，还能让学生了解最新的中国文化动态，强化语言附带的文化属性认知，从而使对外汉语课堂教学焕发新活力。汉语学习者也能通过学习网络词汇，保证学到的汉语的新鲜度，解决课堂所学与生活实用之间脱节的问题。

（三）对外汉语课程教学中新媒体运用前景分析

在信息化建设高速扩张的时代，对外汉语课程教学中运用新媒体是历史的必然选择，也是学科建设的必要革新。但新媒体运用必须要注意三方面：1.必须保证交互性。在有效的教学过程中，教师与学生、学生与学生之间必须有充足的交流空间和有效的交流工具。作为对外汉语教学机构，不应仅仅停留在学生自发使用新媒体的层面，应该组织教师，重新分配教学资源，从课程学习的角度设计教学资源，建设能满足新媒体获取需求的学习平台和资源库，从而合理地、有效地、深入地将新媒体应用渗透在课堂教学与课后自主学习之中，保证课堂交际活动的友好互动与积极参与。2.与课堂教学相结合。新媒体的运用会给对外汉语课堂教学带来大量的信息，但同时也造成了信息甄别的难题。很多网络信息与课程内容相关性不大，不加遴选地出现在课堂教学中，必然会导致学生注意力分散。同时，实验表明，相对于传统的文本信息，网络媒体信息耗费的阅读时间明显更多。丰富的视觉媒体容易造成视觉疲劳，消耗更多的学习时间，通过屏幕阅读通常要比书面阅读速度慢30%左右。3.师生必须都熟练新媒体的操作。新媒体的运用能否真正促进对外汉语教学，教师和学生的熟练操作是必要前提。目前大多数对外汉语教师都成长于传统的面授教学机制，也习惯了运用传统的方法教授学生。如何从观念和技术角度解决教师的新媒体操作问题，使其成为学生学习的辅导者和引导者，是必须首先解决的问题。同时，如何引导学生熟练运用新媒体获取学习材料、即时表达学习诉求，也是课程教学中的难点所在。

事实证明，新媒体的运用是推动对外汉语课程教学的有效途径。但要真正实现对外汉语课程教学中新媒体的合理运用，需要考虑和完善的实际问题还很多。如何发挥新媒体的积极因素，全面促进对外汉语课程教学的发展，这将是一个值得学界深思的问题。

二、新媒体下移动学习在汉语国际教育中的应用

(一) 新媒体移动学习在汉语国际教育中的优势

第一，打破时间、空间限制，提高学生学习的自主性。新媒体主要通过互联网实现运行，不会受到时间和空间的限制，留学生可以根据自身的情况随时随地进行汉语学习。第二，给碎片化学习提供可能。在人们的生活和工作节奏日益加速的今天，新媒体的出现很好地适应了时间碎片化的特点，尤其给成人学习者带来了学习的便利。第三，提高汉语学习的交际互动性。新媒体下各种 APP 的出现，使学习者在学习过程中可以随时人机互动，新媒体所提供的各种社交平台，也使汉语学习群体化、小组化得以实现，更加方便学习者们交流学习方法、分享学习成果。第四，多感官刺激性。在新媒体技术的支持下，留学生可以通过音频、视频、互联网、交际媒体、各种 APP 等多维度地了解汉语知识以及汉语文化。新媒体为学习者们提供的种类丰富的汉语学习资源，从不同角度对学习者学习过的知识进行激活。这种从多维度提供的刺激同时也为远程汉语文化的学习提供了沉浸吸收的可能。这种多感官的刺激也不局限于语言学习领域，而是学习、生活、工作等各个领域。因此，学习者可以在淘宝上购物，可以在去哪儿上订机票，可以在携程上订酒店，可以在美团上点外卖。这些真实语言环境，从不同角度给学习者带来沉浸学习的可能，对语言的习得有着极大的帮助。而且，因为新媒体所提供的信息与学习者的生活、工作有着密切的联系，有着极强的实用性，因此学习者学习的动机和兴趣都更为强烈和持久。第五，信息的及时性。在经济的高速发展和时代的快速变革中，语言以及语言中所传递的经济、社会、文化等领域的信息都在不断地更新着。语言中的新词汇、新用法也正在以前所未有的速度进行着更迭和淘汰。而新媒体既能直接快速地反映出语言中的各种更新，也为这种更新的广泛传播提供了媒介。对学习而言，新媒体为学习者提供了可以与时俱进的鲜活信息，无论对语言的学习还是文化的学习都大有裨益。

(二) 新媒体下移动学习在汉语国际教育中的应用

1. 在汉语国际教育方面，新媒体下的移动学习主要应用于如下领域

(1) 翻译

新媒体下的移动汉语学习最早广泛使用在翻译领域。除了常用的百度等翻译网站，各种翻译软件也在不断更新。20 世纪 90 年代中期，翻译软件开始真正开发和应用。在汉语国际教育中，汉语学习者们几乎无一例外地会选择一个甚至多个翻译网站或者软件来辅助学习，这些翻译工具除了能给学习者提供词语释义、例句以外，也具有语音功能，部分软件还能显示汉字的笔顺等信息，因此使学习者的学习效率得以大大提高，同时对学习者的

语音、语调和汉字书写都有帮助。总的来说，目前的翻译软件在词语的翻译方面已经完全可以和专业的字典、词典媲美，从其综合性能来讲，其功能甚至优于单一依赖文字信息的字典、词典。但是目前翻译软件仍然无法完全取代人类的翻译，尤其是长难句或者古典诗词、古代汉语等的翻译仍然是翻译软件的弱点。

（2）社交平台

中国范围内使用人数最多的社交平台是微信，目前微信的月使用活跃用户已经突破12亿。这些网络社交平台由于功能强大，所以已不仅是简单的聊天工具，而是一个蕴含着语言沟通、人际交往、文化传播、社会心理、生活方式等各种复杂语义的新型媒介。在中国的学习者都选择微信作为常用网络社交工具。从汉语国际教育角度而言，微信、QQ等中文社交平台能为汉语学习者提供更多的汉语语料资源和练习机会。微信是学生和老师课外沟通的一个有效工具，使学习和生活的交流可以延展到课堂以外，同时学生们利用微信和中国人通过打字、语音、视频等方式交流，也能更有效地习得日常生活用语，对汉语初学者语感的建立有极大的帮助。与此同时，微信的群功能还方便了对留学生们的管理，微信的公众号功能，也为留学生们提供了形式丰富的汉语学习资料。当前对外汉语相关微信公众平台呈现出逐渐增多的趋势。通过对"元任对外汉语""沪江汉语""汉府中文"等具有代表性的微信公众号调查发现，这些微信公众平台推送的消息有对外汉语的行业动态、招聘信息、对外汉语专业考研信息、对外汉语培训机构的课程宣传、活动通知、HSK考试动态、中国传统习俗以及汉语本体知识等。因此，微信在对外汉语教学实践中，具有自由度高、形式多样、互动性高、共享性强、时效性高、语言环境生活化以及丰富课堂管理形式等优势。汉语国际教育工作者可以通过微信公众号的建立，按照留学生的学习水平，推送不同等级的学习资源（如教学视频、课件等）和学习方法。网络社交平台的出现使交际能够轻松跨越时间和空间的障碍得以完成，使汉语学习的交际目的能够及时而便利地得以实现。对汉语初学者而言，微信等社交平台为他们提供了语言输入和输出的学习动机，也为他们自然习得日常用语起到了有效的辅助，此外也为学习者的语言丰富性奠定了更广泛的基础。但是，目前不少学者也提出了利用此类平台学习汉语，可能会因为网络语言的不规范性、句式表达的不完整性而受到负面的影响。

（3）学习软件

学习软件主要包含两类，一类是之前提到的翻译软件，另一类是汉语学习的各种APP。翻译软件，发展至今，该软件已经超越了仅仅做翻译使用的功能。以汉拼为例，这款翻译软件除了可以为用户提供及时的翻译之外，也具有分类学习的功能。它将学习分成三类，第一类是常用汉字学习，第二类是HSK词汇学习，第三类是汉语成语学习。因此，学习者可以根据自身需求，从字、词、成语这三方面进行有针对性的学习。还有一类学习软件，就是现如今大量涌现的各种汉语学习APP。汉语学习的APP分为五类，即口语练习类、汉语考试类、汉字学习类、词典类和综合类。从教学内容的角度，汉语学习的APP分为三大类：工具类、技能训练类（语音、词汇、汉字、语法、听力）、语言文化类。工具类的学习软件如上文所述，大都是由传统的翻译软件发展而来，具有翻译和学习两种功能。技能类软件在设计的时候主要按照语言的听、说、读、写四种技能进行分类，其提供的学习方式多具有趣味性和娱乐性，比如说汉字拼读游戏。此外，也有将语言要素进行综合的学习软件，如 Chinese Skill。这款 APP 涵盖了汉字、拼音、生词、句子等方面的学习。另一个大的类别就是语言文化类的 APP。这类 APP 多将语言与文化结合在一起，试图以语言为媒介，传递更深层次的文化信息。比如，中国国际广播电台根据高等教育出版社的同名读物制作的《你好，中国》就主要围绕 100 个代表中国传统文化精髓的词汇展开，比如孔子、指南针等，该软件以精良的视频方式呈现，并配以多种媒介语言，让学习者在学习汉语词汇的同时，了解到这些常用汉语词汇的文化背景，从而加深对中国文化的理解。此外，某些提供有声读物的 APP，将图片、汉字、拼音结合起来，并通过同步朗读的方式，使故事原始的视觉信息，转变为了视觉和听觉相结合的信息，从更多维的角度刺激学习者的学习，使学习者在听故事的过程中学习汉语并了解到中国传统文化。Pinyin News 的新闻更新率比较快，用户可掌握最新的新闻资讯，并且新闻皆注有拼音，更便于学习者的阅读理解。研究表明，初级汉语学习者在各类 APP 的使用数量上都占有较大比重，内容涉及听、说、读、写各方面。随着学习的进步，汉语学习者对 APP 的使用率开始降低，并且 APP 的内容也越倾向于单一化。总的来说，汉语学习的 APP 软件内容丰富，形式多样，但是质量却良莠不齐，同质化程度偏高。因此，如果学习者没有仔细甄别，难以保证持续、科学、有效的学习。

（4）网站

20 世纪末，北京语言大学研发了国内首个汉语教学网站——网页版《中级汉语教程》。随后，暨南大学的《中文》局域网版，厦门大学的网络对外教学课程，首都师范大学的以 HSK 教学为重点的网络教学，华东师范大学的汉语网校，中山大学的综合性汉语学习网站"汉语阶梯网"等纷纷应运而生。目前，最全面的综合性汉语学习网站是国家汉办研发的网络孔子学院。它涵盖了多个语种的内容，同时网络孔子学院也开始尝试在线授课的方式，通过这个在线平台，老师和学生可以通过语音、视频等进行实时互动交流，从而实现跨时空的互动式教学。

2. 混合学习

综合上述新媒体汉语移动学习的主要应用领域，可以看出，新媒体的出现和技术上的不断成熟，让移动学习的效率和效果都日益提高，各种学习软件的开发可以让学习者更有针对性地进行独立的学习，其娱乐性、趣味性、开放性、实用性都是传统教学模式难以企及的。各种学习软件的开发可以有效缓解目前日益严重的三教问题，弥补师资不足、教学方法单一等诸多缺点。但是我们也应该看到，目前新媒体的各种技术尚未成熟到完全的人工智能化，学习者如需系统、严密地学习，依旧离不开教师的指导。因此"互联网+"的学习模式仍将是今后很长一段时间内最值得推行的学习方式。"互联网+"的学习模式说到底是一种混合学习的模式。混合学习理论是随着互联网的兴起而提出的，混合式学习的核心是在"合适的"时间为"合适的"人采用"合适的"学习技术和适应"合适的"学习风格而传递"合适的"技能来优化与学习目标对应的学业成就。也就是说，混合学习理论最核心的本质就是运用以互联网为依托的技术手段，并辅以合适的教学和学习方法，从而实现特定内容的高效学习。这种模式可以将传统学习和以网络为主要媒介的新媒体学习有效地融合起来，使二者扬长避短，让汉语学习的数量和质量都得到更有效的提升和保障。

（三）新媒体下的移动学习对汉语国际教育工作者的启迪

首先，汉语国际教师应该对新媒体移动学习的主要应用领域有所了解，对主流学习平台和APP的优缺点应该了然于心。在此基础上将新媒体的学习与学生课堂学习结合起来，使新媒体提供的移动学习方式成为课堂教学的有益补充。其次，汉语国际教师可以自主地整合汉语学习资源，对纷繁的学习资源按照学习者的情况进行进一步的分类与筛选，并适时给予学生引导，这可以使学习者在教师的指引下更有条不紊地进行学习。最后，由于新媒体的出现，学习者的自主性更强，教师应该积极调整自己的角色，尊重学生的自我探索过程，同时督促学生的学习进度。此外，教师还应该及时纠正学生在各种网络平台上学习到的不规范语言，比如不规范的写法，任意改动的成语、俗语等，教师皆应该向学生指明并纠正。

综上所述，我国汉语国际教育的开展中仍旧存在一定的问题，需要教育工作者进行教学方式的创新。通过本文的分析可知，新媒体移动学习非常适用于汉语国际教育，值得推广应用。在应用新媒体进行汉语学习时，要求汉语教师进行相应的引导，确保新媒体移动学习的作用得到充分的发挥，提高汉语学习者的汉语水平，促进中国文化的传播。

参考文献

[1]于文静.现代汉语教学与个案分析[M].西安:西安交通大学出版社,2017.

[2]邵敬敏.现代汉语通论教学指导[M].上海:上海教育出版社,2017.

[3]王鸿滨.面向二语教学的现代汉语介词研究[M].北京:中国广播影视出版社,2017.

[4]张颖,赵艳梅,雷敏.现代汉语量词研究与对外汉语教学[M].成都:四川大学出版社,2017.

[5]孟祥英.现代汉语应用型教学研究与实践[M].北京:开明出版社,2017.

[6]李泉.国际汉语教学探讨集[M].北京:北京语言大学出版社,2017.

[7]周小兵.对外汉语教学入门[M].广州:中山大学出版社,2017.

[8]陈晓宁.立足于对外汉语教学的类推研究[M].北京:科学技术文献出版社,2017.

[9]周小兵.汉语教学名家文选•周小兵卷[M].北京:北京语言大学出版社,2017.

[10]吴勇毅.汉语教学名家文选•吴勇毅卷[M].北京:北京语言大学出版社,2017.

[11]（越）陈灵芝.汉语国际传播视角下的越南高校汉语教学发展研究[M].北京:中央民族大学出版社,2017.

[12]齐沪扬.现代汉语虚词研究与对外汉语教学第7辑[M].上海:学林出版社,2018.

[13]贺敬华.现代汉语的学习与教学原则[M].吉林出版集团股份有限公司,2018.

[14]刘文政.国际汉语教学理论与实践·第2辑[M].北京:首都经济贸易大学出版社,2018.

[15]吴应辉.汉语教学名家文选•吴应辉卷[M].北京:北京语言大学出版社,2018.

[16]洪芸.国际汉语教学心理研究•纠错反馈的认知心理[M].北京:中央民族大学出版社,2018.

[17]李晓琪,孙建荣,徐娟.2018数字化汉语教学[M].北京:清华大学出版社,2018.

[18]张莉.古代汉语教学与研究[M].哈尔滨:东北林业大学出版社,2018.

[19]黄伯荣,廖序东.现代汉语教学与自学参考·增订6版[M].北京:高等教育出版社,2019.

[20]郑萍.多维度视野下现代汉语教学方法研究[M].广州:广东旅游出版社,2019.

[21]李婷婷.语言学视阈中的现代汉语词汇认知及其教学研究[M].北京:北京理工大学出版社,2019.

[22]崔永华.汉语教学名家文选[M].北京:北京语言大学出版社,2019.

[23]李秉震.汉语教学与研究论丛·第2辑[M].北京:首都师范大学出版社,2019.

[24]陈莉,李现乐,颜明.国际汉语教学案例典型问题评析[M].苏州:苏州大学出版社,2019.

[25]王巍,李洪波.国际汉语教学案例理论与实践[M].北京:中国书籍出版社,2019.

[26]刘志刚.多媒体辅助汉语教学案例集[M].北京:北京语言大学出版社,2020.

[27]郑艳群.多媒体和语料库驱动的汉语教学研究[M].北京:商务印书馆,2020.

[28]孔庆蓓.汉语教学测量与评价[M].北京:旅游教育出版社,2020.

[29]李静.国际汉语教学文化表达研究[M].长春:吉林文史出版社,2020.